LES CARNETS DE MA VIE (PRESQUE) ORDINAIRE

Virginy L.SAM

LES CARNETS DE MA VIE (PRESQUE) ORDINAIRE

Tome 3 :
Salades et mots d'amour

Illustré par Clotka

La Martinière j. FICTION

Déjà paru :

Les Carnets de ma vie (presque) ordinaire

Tome 1 : Ma valise à roulettes

Tome 2 : Le Mystère du colibri

Journal d'une peste, tome 1 : Moi ? Un ange

Journal d'une peste, tome 2 : Amoureuse, moi ? Jamais

Journal d'une peste, tome 3 : Bonjour l'ambiance !

Journal d'une peste, tome 4 :Y a pas de hasard

Journal d'une peste, tome 5 : C'est le bouquet !

Journal d'une peste, tome 6 : Enfin les vacances !

Hors-séries :

Journal d'une peste à écrire toi-même

Ton été de peste

Mise en page : Philippe Duhem

57 rue Gaston Tessier, 75019 Paris.
ISBN : 978-2-7324-9010-6

www.lamartinierejeunesse.fr

VIEILLIR

- Moral : 7/10
- Boutons d'acné sur le front : 12
- Bagues qui se décollent de mes dents : 1

Depuis que mon père a 45 ans, il voit une psy tous les mercredis. À 53 euros la séance, ça correspond à 33 croissants aux amandes par semaine ! Ou, comme dit ma sœur Charlène, à « 21 flacons de vernis ultra laque vraiment trop fun de chez Kiko ». Si on met de côté l'aspect gouffre financier de la chose, il semblerait que vieillir, c'est la plaie. Apparemment, plus tu es vieux, plus tu as de problèmes psychologiques à gérer. Je trouve ça très inquiétant, d'autant que j'ai déjà 12 ans !

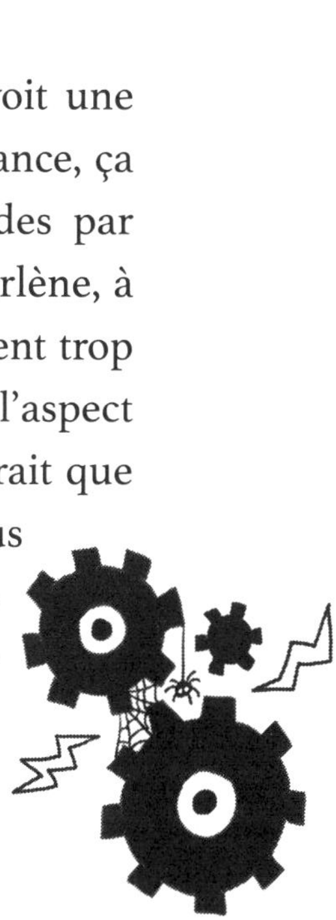

Quand j'y réfléchis, c'est vrai qu'à l'âge de 5 ans, je trouvais mes parents parfaits, ma sœur trop sympa, notre maison super géniale, mon école maternelle méga chouette et mon miroir me disait que j'étais la plus belle. Tout allait bien dans le meilleur des mondes. Or, sept ans plus tard, je ne peux pas vraiment en dire autant.

Je vis dans une maison orange tellement pétard qu'on doit la voir depuis la Lune : la honte !

Je sais aujourd'hui avec certitude que ma sœur Charlène est le plus idiot des êtres vivants que la Terre ait jamais portés : re-la honte !

Je suis à 10 sur l'échelle du « je suis dégoûtée » à cause de Joachim qui sort avec Kalie (fille indétrônable tant elle est l'incarnation de la perfection) : la lose !

Mon collège ressemble à un manoir hanté et ma prof principale à une momie : re-la lose !

L'acné a colonisé mon front et ne semble pas décidée à migrer sur quelqu'un d'autre. J'ai des complexes, des désirs contradictoires, des envies de trucs fous qui n'arrivent jamais... Bref, ma vie plutôt ordinaire est quand même truffée de problèmes.

Alors, même si je ne suis pas du genre à voir tout en noir, j'avoue qu'au vu de mon état à 12 ans, j'ai quelques inquiétudes pour mes 45 piges !

Je devrais peut-être noter le numéro de la psy de mon père et commencer à mettre des sous de côté. J'ai comme l'impression que ça me servira un jour...

DILEMME

- Moral : 5/10
- État général : crevée
- Boutons d'acné sur le front : 12
- Crises de boulimie compulsives : je préfère ne pas compter.

« Dans la vie, il faut savoir prendre des décisions importantes », aime déclamer mon père en prenant ses grands airs d'homme sage.

Facile à dire ! Surtout quand, comme moi, on est du genre à hésiter des siècles entre deux options.

Avant qu'on déménage, lorsque j'habitais dans la même ville que Pauline (ma meilleure amie), on improvisait une soirée pyjama à chaque dilemme et, hop ! la bonne décision s'imposait d'elle-même.

On a ainsi résolu des problèmes aussi cruciaux que « Comment cacher un 2/20 en maths à sa mère super stricte ? » ou « Quelle couleur choisir pour son agenda ? ».

D'ailleurs, pour les trucs vraiment graves comme la faim dans le monde ou le réchauffement climatique, nos dirigeants devraient tenter la méthode « soirée pyjama ». Tous blottis sous la même couette à manger des chips en buvant du Coca Cherry, je suis sûre qu'ils trouveraient des solutions à tous les maux du monde.

Bref, après plusieurs nuits à ne quasiment pas dormir et plusieurs jours à boulotter des tonnes de croissants aux amandes (et la totalité de mes ongles au passage), ça y est, ma décision est prise : je ne vais pas avouer tout de suite à Teddy que je sais qu'il est le colibri (l'auteur des lettres d'amour anonymes que j'ai reçues) [1].

Évidemment, je n'ai pas pris cette décision seule. Elle est le fruit d'un super brainstorming entre copines organisé par Noé, Ella et Birgit.

Arguments principaux POUR le lui dire :

1. Ce serait honnête de ma part.
2. Je pourrais enfin avoir un copain. Parce que, vu les lettres de Teddy, il n'y a aucun doute : il est à fond partant pour sortir avec moi. (Argument avancé par Ella, car moi, à

---

1. Voir les tomes 1 et 2 de mes carnets.

part Joachim qui est déjà pris, ou Antoine Griezmann qui est intouchable, je n'ai pas forcément envie d'avoir un copain.)

3. Je ne sais pas comment je pourrais continuer à boxer contre lui à l'entraînement si je ne le lui dis pas.

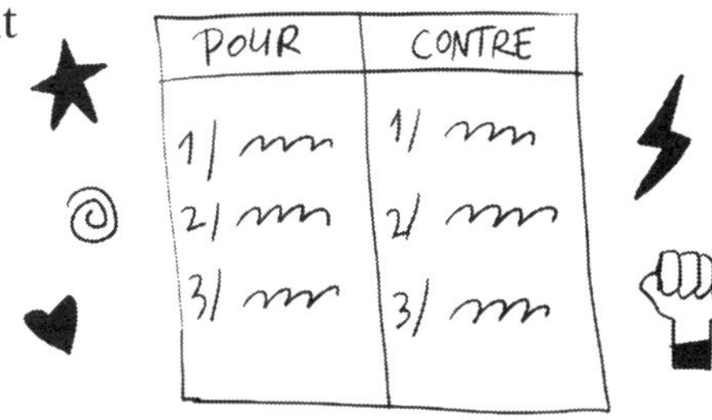

Arguments principaux CONTRE le lui dire :

1. Je continuerais à recevoir des lettres d'amour anonymes (c'est super excitant et, statistiquement, il est peu probable que ça m'arrive une autre fois au cours de ma vie. Alors autant en profiter).
2. Ça me laisserait le temps de réfléchir à la meilleure façon de le confronter sans bafouiller – et sans me liquéfier.
3. Je ne sais pas comment je pourrais continuer à boxer contre lui à l'entraînement si je le lui dis.

Lors du vote à main levée – j'ai choisi l'abstention car, franchement, les deux solutions me tétanisent plutôt qu'autre chose – le CONTRE l'a emporté.

Ella a été la seule à voter POUR. Elle trouve que c'est trop génial de sortir avec un garçon. D'après elle, ce serait vraiment dommage que je passe à côté de cette expérience servie sur un plateau. Il faut dire que depuis qu'Ella sort avec Lucien Caron, elle ne pense qu'à ça. Elle nous sort des tirades de dix minutes sur l'importance de l'amour. On dirait qu'elle prépare une conférence !

– Grâce à Lucien, je découvre à quel point l'amour est ce qu'il y a de plus important dans la vie. Bien plus important que tout ce que tu apprécies. Par exemple, Lila, les croissants aux amandes ne valent rien comparés à l'amour.

Certes, mon affection pour les croissants aux amandes est assez balaise, mais j'ai bien conscience que le jour où je sortirai avec un garçon qui me plaît vraiment (disons, au hasard,

Joachim), elle passera au millième plan de ma vie. En attendant ce jour merveilleux qui n'arrivera sans doute jamais ailleurs que dans mes rêves, heureusement qu'ils sont là, les croissants aux amandes !

• Rides au coin des lèvres : 0 (contrairement à Charlène qui en a déjà une ! Bien fait !)

Malgré les tentatives de persuasion répétées d'Ella (la fille la plus têtue que je connaisse, et de loin), j'ai suivi la majorité et décidé de ne rien dire à Teddy pour l'instant.

D'ailleurs, Jean-Charles, mon bernard-l'ermite, a validé ce choix. Depuis hier, il ne cesse de tourner autour de son igloo Lego, et quand il fait ça, c'est qu'il est content.

Question :

Un bernard-l'ermite peut-il être secrètement amoureux de sa maîtresse, au point d'être heureux qu'elle reste célibataire ?

PESÉE DU MATIN, CHAGRIN

- Moral : 3/10
- Boutons d'acné sur le front : 11
- Crises de boulimie compulsives : j'ai décidé d'arrêter.

Ce matin, la balance de la salle de bains a affiché des chiffres bizarres. Pourvu que ce soit un problème de pile ou un court-circuit qui lui fait dire n'importe quoi, parce que sinon, ça craint. Mes fesses n'ont pas besoin de ça, et mon moral encore moins !

CINQ

• Moral : 5/10
• Boutons d'acné sur le front : 14 (mais pourquoi tant de haine ?!)
• Taille : stable depuis 7 mois (mince, je veux grandir encore !!!)

À la maison, depuis quelques semaines, on est presque tout le temps cinq. Mano, le copain de ma sœur, passe sa vie chez nous. Et à part moi, ça ne semble déranger personne.

En plus du fait qu'il est un intrus au sein de notre famille (je suis sûre qu'il a des gènes communs avec des parasites genre tiques ou morpions), je trouve bizarre que mes parents acceptent qu'il dorme avec Charlène en pleine semaine, alors qu'ils ont tous les deux le bac à la fin de l'année.

Mais je vais arrêter d'essayer de comprendre, car depuis que mes parents ont posé nus pour une exposition de Paul Vohl (le photographe le plus déjanté du monde), tout est possible, dans cette maison !

Question :

Un individu qui passe la moitié de son temps dans une famille qui n'est pas la sienne peut-il exiger d'être officiellement adopté par celle-ci et réclamer une part de l'héritage ?

LOVE STORY(S)

- Moral : 4/10
- Bagues recollées à la glu : 1
- Bagues endommagées par la glu : 1
- Objets jetés contre le mur de rage : 1 (mon tube de glu)

Ma sœur est un boulet !

Ma sœur est un boulet !

MA SŒUR EST UN BOULET !

Avec sa finesse habituelle, Charlène me tanne du matin au soir depuis qu'elle sait que je reçois des lettres anonymes.

– T'es maquée, Zeppelin ? Dis-le, si t'as un mec ! Tu crois que tu es plus intéressante en faisant ta cachottière ? Pff, t'es vraiment Nunuche, Nuche !

Ma sœur est une fille sublime. Comme mes deux parents (eh oui, je traîne à moi seule tous les défauts physiques de la famille. La vie est injuste !). Le problème, c'est que Charlène n'a que le physique de sublime. Tout le reste est raté. C'est bien simple, dès qu'elle ouvre la bouche, j'ai envie de l'étouffer avec du foin imbibé d'urine de cheval.

En résumé, ma sœur n'a d'intérêt qu'en photo !

- Nombre de fois où Charlène a dit *funny cool baby !* (sa nouvelle expression fétiche) en ma présence aujourd'hui : 7

Dans mon bain, j'ai réalisé à quel point ça fait longtemps que je n'ai pas eu de petit copain.

La dernière fois, en fait, c'était à peu près au siècle dernier. À la crèche ! C'est maman qui le raconte à tout le monde (comme s'il y avait de quoi être fière).

– Vous auriez vu ça, c'était chou ! Lila-Lou l'aimait tellement qu'elle mangeait ses cheveux.

Génial ! Personnellement je n'ai aucun souvenir de cette période préhistorique, et tant mieux. Manger les cheveux de son amoureux est un comportement de chimpanzé, non ? En tout cas, pas celui d'une fillette civilisée…

Ce dont je me souviens, en revanche (et que maman ne peut raconter à personne puisqu'elle n'est pas au courant), c'est de Hugo Kramer. En CM2, pour le spectacle de fin d'année, j'incarnais la sorcière dans *Blanche Neige* et lui jouait Atchoum. Je ne suis pas sûre que dans la vraie histoire, la sorcière craque pour un nain enrhumé, mais moi, j'étais *in love*. D'ailleurs, dans ma valise à roulettes (devenue ma table de nuit/boîte à secrets), j'ai encore la cannette dans laquelle il avait bu, le soir de la représentation. Souvenir impérissable ! Bon, le soucis c'est que je n'ai jamais osé avouer mes sentiments à Hugo. Du coup, je ne suis pas certaine qu'on puisse

considérer cet épisode comme une vraie histoire d’amour.

Ce qui fait qu’à part le garçon aux cheveux comestibles de la crèche, je n’ai jamais véritablement eu d’amoureux.

• Baisers réels d'amoureux donnés ou reçus cette année : 0 (comme les années précédentes !)
• Baisers imaginaires d'amoureux donnés ou reçus cette année : 10.000 (tous avec Joachim)

FACE À FACE

- Moral : 6/10
- Mini crises d'angoisse : 4
- Cures de magnésium nécessaires : 3 000

À la boxe, c'était vraiment spécial, aujourd'hui. C'était le premier entraînement avec Teddy depuis que je sais qu'il est le colibri. Pendant le *sparring*, j'étais partagée entre l'envie de croiser son regard et celle de l'éviter absolument. Quoi qu'il en soit, ça m'a déconcentrée à mort et Vivian, l'entraîneur, s'est énervé contre moi au moins dix fois.

– Hé, ho, la rêveuse ! Si tu ne veux pas te faire péter le nez ou exploser l'arcade sourcilière, il va falloir te recentrer un peu !

Vivian est un mec cool, d'habitude. Mais depuis qu'il me coache pour le tournage du téléfilm dans lequel je dois jouer une boxeuse, il ne me lâche plus d'une semelle.

– OK. Bravo tout le monde. À jeudi ! Lila, toi, tu finis avec quinze séries d'abdos, s'il te plaît.

Quinze séries d'abdos ! Et pourquoi pas cent ou mille, tant qu'on y est ! S'il continue, je vais finir par regretter de ne pas avoir choisi poterie, comme activité extrascolaire.

Comme après chaque entraînement, Ella, Birgit et moi, on a partagé un Coca Cherry bien frais devant le distributeur. Birgit, qui a toujours une anecdote marrante à nous raconter sur sa famille, nous a expliqué comment son petit frère avait bouché les toilettes avec ses Playmobil.

– Il jouait aux Playmobil en facances à la plage. Et pour faire les fagues, il a tiré la chasse d'eau. Et fu qu'il avait mis au moins fingt Playmobil dans l'eau, ça a tout bouché ! Ha ! ha ! T'aurais fu la tête de ma mère, j'ai cru qu'elle allait le tuer sur place !

C'est étonnant comme une simple anecdote peut faire remonter des souvenirs enfouis. Grâce à l'histoire de Birgit, je me suis souvenue d'une chose que papa m'avait racontée quand j'étais petite. Un jour, alors que maman était enceinte de moi, Charlène avait caché l'album photo de leur mariage dans le réservoir de la chasse d'eau. Pour leur faire une farce. Sauf qu'immerger un album photo, ce n'est pas ce qu'il y a de plus conseillé. Toutes les photos étaient fichues. Mes parents avaient pleuré toutes les larmes de leur corps. Maman était tellement contrariée que cela avait déclenché des contractions alors que je n'étais pas du tout prête à sortir. À ce stade de la grossesse, je n'étais pas finie du tout et ç'aurait été dommage que je sorte avec des options en moins...

Bref, avant même ma naissance, j'aurais déjà pu me douter que ma sœur avait le QI d'une huître.

- Nombre de pas du ring aux vestiaires : 43

Pendant qu'on se changeait dans les vestiaires, Ella a envoyé des tonnes de textos à

Lucien Caron (indécollables, ces deux-là !). Et, sans qu'on ne lui ait rien demandé, elle nous a lu le dernier poème qu'il avait écrit pour elle.

– Vous allez voir, c'est trop chouchou !

« Rouge comme les flammes de l'enfer,
Tes cheveux sont une crinière
Qui m'envoûte et m'est aussi chère
Que la théière de ma mère. »

Birgit et moi, on a écouté sans rien dire mais à mon avis, on pensait la même chose : C'EST VRAIMENT CHIANT, LES GENS AMOUREUX !

• Bouts de Kleenex usagés dans la poche de mon short de boxe : 7

À la sortie du gymnase, Teddy m'attendait. Les poings enfoncés dans ses poches et la tête dans son cou, on aurait dit qu'il avait envie de disparaître sous terre. Malgré sa timidité maladive, il s'est adressé à moi :

– Désolé que Vivian s'énerve contre toi, Lila. Je tape trop fort ?

– Non ça va, Teddy. T'inquiète.

– Tu me le dirais, si je tapais trop fort ?

– Oui, oui. J'étais juste un peu ailleurs, aujourd'hui.

– Ok, alors. Mais… euh… T'as pas euh… de… euh… de problème… enfin, je veux dire… euh… en ce moment ?

– Non. Aucun problème.

– Alors tout va bien pour toi… enfin, je veux dire… rien de euh… bizarre… enfin, ça va ?

– Oui, ça va. Pourquoi tu dis ça ?

– Je sais pas… euh, je sais pas. Je dis ça comme ça, juste euh… comme ça.

Puis le haut de ses joues est devenu rouge écarlate et il s'est sauvé comme une petite souris apeurée.

Birgit a applaudi comme si elle venait d'assister à un numéro d'illusionniste et Ella s'est écriée :

– Ce mec est complètement dingue de toi, Lila ! T'es vraiment nulle de pas sortir avec lui. Il est mignon, en plus.

J'ai regardé Teddy s'éloigner en admirant son courage d'être venu me parler malgré son hyper timidité. Quand il m'interrogeait sur les choses bizarres qui me seraient éventuellement arrivées, il pensait évidemment à ses lettres anonymes. Peut-être avait-il envie que je les évoque pour enfin m'avouer en être l'auteur ?

• Frites mangées de façon imaginaire à la sortie de l'entraînement : 310

C'est vraiment trop malhonnête de ma part de faire croire à Teddy que je ne sais rien. Ça se confirme : je suis très peu à l'aise avec le mensonge. Y a qu'à voir le nombre de petites peaux autour des ongles que j'ai arrachées avec mes dents...

À LA PORTE, LES CLOPORTES

• Moral : 6/10
• Courbatures : des millions !
• Muscles inconnus mais douloureux dans mon corps : des milliers.

Ce matin, avant de partir au collège, maman m'a collé un bac en plastique dans les bras et m'a dit :

– Tiens, ma Lili, va vider ça dans le compost. Ça commence à cocotter dans la maison.

Tu m'étonnes ! Après un bol de chocolat au lait, l'odeur des épluchures en phase de décomposition, c'est pas génial pour la digestion.

Quand j'ai ouvert le bac à compost au fond du jardin, ça grouillait tellement de bestioles qu'on aurait dit que le truc était vivant ou en ébullition. En m'approchant, j'ai vu qu'il s'agissait de milliers de cloportes. Ça m'a tellement dégoûtée que j'ai eu un haut-le-cœur. Comme si mon petit déjeuner jouait aux montagnes russes dans mon estomac. Je me suis juré que si un jour j'avais une maison à moi, il n'y aurait jamais de compost au fond du jardin (ni de potager, d'ailleurs) ; juste une balançoire et un endroit pour pique-niquer et faire des siestes à l'ombre.

Quand j'ai annoncé à maman que des milliers de cloportes étaient en train de coloniser son compost, Charlène, qui venait de se lever, m'a hurlé dessus :

– T'es vraiment lourde, Zeppelin ! Tu vois pas qu'on déjeune, là ? Garde tes histoires d'insectes pour plus tard. Moi, ça me bloque !

Toujours aussi aimable, ma sœur.

Mano, lui, n'a pas du tout eu l'appétit coupé. La bouche pleine de brioche, il s'est extasié sur le pouvoir de la nature à faire naître la vie partout. Ce type m'agace au plus haut point et j'évite d'entrer dans tout débat avec lui.

J'ai attrapé mon sac et suis partie au collège sans rien ajouter, mais en pensant très fort : *Ouais, bah les pouvoirs de la nature, plutôt que de multiplier les cloportes à l'infini, ils seraient gentils de prendre un peu soin de moi ! En éradiquant l'acné de mon front et en faisant fondre les ballons de basket qui me servent de fesses, par exemple !*

Bah quoi ? C'est vrai, il y a des priorités, non ?

TÉLÉPHONE ARABE

- Moral : 8/10
- Ongles rongés en faisant pipi : 3
- Taches de dentifrice sur mon pull : 1 (en plein milieu du sein droit !)

Joachim a entendu parler de mon histoire de colibri. C'est Ella qui en a parlé à sa copine Jeanne qui en parlé à sa sœur Coralie qui l'a dit à Kalie (elles sont dans la même classe) qui l'a répété à Joachim. Super ! Moi qui voulais que cette histoire ne sorte pas de mon cercle d'amies proches... Quant à l'effet téléphone arabe, merci bien ! Tout a été déformé.

– Il paraît qu'un obsédé te harcèle tous les jours avec des lettres de menace ! m'a dit Joachim avec un air inquiet.

– C'est pas exactement ça, en réalité. Ce n'est pas tous les jours, et ce ne sont pas des menaces.

– Oui, Lila a un mystérieux admirateur, est intervenue Noé avec un air exagérément énigmatique.

– Un admirateur ?

– Un amoureux fou, même ! a précisé Noé. Elle reçoit des lettres enflammées, tu verrais ça...

– Waouh ! s'est exclamé Joachim en se tournant vers moi, les yeux pleins de curiosité. Mais t'as vraiment aucune idée de qui ça peut être ?

– Aucune, ai-je menti.

Mon histoire de colibri intrigue Joachim, ça se voit. On dirait même que ça me donne une valeur particulière à ses yeux. Alors pas question de lui avouer que le mystère du colibri est élucidé depuis plus d'une semaine !

DOUBLE DOSE

- Moral : 6/10
- Boutons d'acné sur le front : 11 (objectif : repasser sous le seuil des 10 avant la fin de la semaine !)
- Bulles à la surface de mon bol de soupe : 2

Au dîner, Papa a annoncé qu'il passait à deux séances de psy par semaine. Vu qu'il y était allergique il y a encore peu de temps, ça me fait bien rire.

– Vous ne pouvez pas imaginer à quel point ces séances me font du bien ! a-t-il soufflé, les yeux mi-clos et la voix apaisée comme jamais.

Maman, qui l'avait poussé à se lancer dans une analyse, commence à le regretter.

– Virgile, je veux bien croire que plus on vieillit, plus on a de névroses à régler. Mais là, ça commence à faire un sacré budget ! a-t-elle protesté.

Moi, j'avoue que ça m'inquiète un peu ; papa doit être drôlement dérangé mentalement pour passer autant de temps chez sa psy. À moins qu'il ne soit tombé amoureux d'elle. Apparemment, ça arrive tout le temps.

En tout cas, papa a l'air enchanté de remonter toute l'histoire de sa vie, d'aujourd'hui jusqu'à sa naissance. Et lui qui n'a jamais connu son père (et qui, jusque-là, refusait catégoriquement d'en parler) a ouvert le dossier en grand !

Il faut avouer que ça doit pas mal chambouler l'équilibre affectif d'une personne, de ne pas connaître son père. Moi, par exemple, si on part du principe que j'ai été adoptée (principe dont je n'ai aucune preuve tangible, mais que je soupçonne être le secret de famille le mieux gardé du pays), je risque d'être confrontée au même problème un de ces jours...

COMME UN POISSON DANS ~~L'EAU~~ LE SALON

• Moral : 6/10
• Rondelles de kiwi faites avec mon kiwi du matin : 7 (eh oui, depuis hier, j'essaie de remplacer la banane par le kiwi, plus light paraît-il !)
• Envies de banane plutôt que de kiwi : 12

Depuis le week-end dernier, il y a une photo de daurade sur une étagère du salon.

Oui, vous avez bien lu : une photo de daurade ! Un petit poisson qui nage au milieu d'algues moches dans une eau trouble. Génial.

Depuis que maman s'est remise à fond à la plongée sous-marine, et donc à la photo sous-marine, notre intérieur ressemble de plus en plus à un musée de la mer. Sauf que là où maman plonge, ce n'est pas la mer des Caraïbes avec ses poissons multicolores et son corail magnifique. Là où elle va, il n'y a que des éperlans, des sardines, des méduses mal-en-point et des galets tout gris. Prendre tout ça en photo, pourquoi pas. Mais de là à en faire des tirages et à en tapisser le salon, faut pas exagérer ! Si ça continue, je ne vais plus oser faire entrer qui que ce soit chez nous. Déjà, la fois où Ella est venue me rapporter le sweat que je lui avais prêté, j'ai eu droit à :

– Dis donc, Lila, tu nous avais caché que t'étais de la famille du commandant Cousteau ! Hi hi !

Quant à Birgit, le jour où elle a découvert la maison, elle a carrément cru que mes parents étaient poissonniers.

• Ampoules en forme de bougies dans lustre trop moche acheté à la brocante par maman et fixé dans notre entrée : 8

Maman est tellement à fond dans la plongée que j'ai cru un moment qu'elle avait mis de côté son idée délirante de vendre ses légumes devant la maison. Malheureusement, ce n'est pas le cas. Elle attend juste que ses citrouilles mûrissent avant de monter son stand. Au secours !

Historique des dernières recherches Google sur l'ordinateur familial :

La pression sous-marine peut-elle endommager le cerveau ?

Comment stopper le mûrissement des citrouilles ?

Que verser sur des pieds de citrouilles pour les stériliser à jamais ?

GROSSE NOUVELLE

- Moral : 8/10
- Absence de prof depuis que je suis dans ce collège : 0 (Grrr !)

Maintenant que le mystère du colibri est résolu, ma concentration en cours est revenue à la normale et mes résultats remontent.

– Ça y est, Lila a remis le booster ! a lancé Thibault quand le prof a rendu les interros de maths.

Moi qui avais toujours été une excellente élève, je me suis aperçue qu'avoir des sales notes n'apporte que des ennuis : surveillance accrue des parents, regard en biais des profs, heures de soutien à caler sur les heures de loisirs, et le pire du pire : POINT COMMUN AVEC MA SŒUR AVEC QUI JE SOUHAITERAIS N'EN AVOIR ABSOLUMENT AUCUN !

• Poils sur le menton de Mme Bristol : 2 noirs et 3 blancs.

Après avoir massacré la vie de Galilée en la racontant sur un ton tellement soporifique que la moitié de la classe a piqué du nez dans sa trousse, Mme Bristol a écrit en énorme sur le tableau :

DEMAIN : PRÉSENCE OBLIGATOIRE DE TOUS LES ÉLÈVES DANS LE GYMNASE À 10 H. LE PRINCIPAL, M. BARBIER, A UNE GROSSE NOUVELLE À VOUS ANNONCER.

« Une grosse nouvelle ». Le terme est assez flou, mais vu le rictus au coin des lèvres de la vieille bique qui nous sert de prof d'histoire-géo, ça nous a tous inquiétés.

TROUÉ

- Moral : 7/10
- Boutons d'acné sur mon front : 9 (YES ! Barre sous les 10 franchie !)
- Boutons d'acné sur le front de Charlène : 0 (le pire qu'elle ait jamais eu sur le front, c'est un bouton de moustique, cet été ! Injustice.)

Nouveauté du jour : Mano s'est fait un piercing dans le nez. Mais attention, pas le petit diamant mignon sur la narine, le gros piercing bien voyant : un anneau métallique qui pend sur la lèvre du haut, comme les vaches.

Il n'y a plus qu'à lui faire tatouer l'oreille et on pourra le vendre à un éleveur de bovins.

Apparemment, Charlène avait envisagé de se faire percer le téton. Mais comme elle a eu peur qu'une fois enceinte, du lait s'écoule par le trou, elle a renoncé. *No comment !*

Noé

Elle aura peut-être pas de trou dans le téton, mais ce qui est sûr, c'est que des trous, elle en a quelques-uns dans le cerveau, ta sœur ! 😀 😀 😀

PILOTE

- Moral : 4/10
- Boutons d'acné sur mon front : 9 (stable)
- Nombre de fois où on nous a servi de la purée de carotte au collège depuis que j'y suis : 6 (6 fois de trop, donc !)

Comme prévu, ce matin à 10 heures, tous les élèves du collège étaient réunis dans le gymnase.

M. Barbier a pris un mégaphone pour faire son annonce de la « grosse nouvelle » :

– Chers élèves, j'ai le plaisir de vous annoncer que le collège de la Grande Sorgue a été choisi par l'académie pour faire partie des établissements pilotes de l'opération RAPELE. L'opération

RAPELE, qui signifie Réappropriation Active Par les Élèves des Locaux d'Enseignement, vise à bouleverser le fonctionnement traditionnel du collège.

Les membres de l'équipe pédagogique qui se tenaient derrière lui ont applaudi avec enthousiasme, comme s'ils étaient au meeting d'un candidat à la présidence de la république. Nous, les élèves, on est restés muets vu qu'on n'avait rien compris à cette histoire de RAPELE. On avait juste la désagréable intuition que c'était un truc qu'on allait vite regretter.

M. Barbier a monté le son du mégaphone et a poursuivi :

– Mes chers élèves, désormais, vous serez des acteurs majeurs de votre établissement scolaire. Dès la semaine prochaine, c'est vous qui serez en charge du ménage des classes et des parties communes, du service et du débarrassage à la cantine, de l'entretien du matériel sportif et des espaces verts, ainsi que de l'organisation d'événements divers. Sous contrôle de vos professeurs principaux, vos missions vous seront distribuées chaque semaine sur le principe du volontariat. Mais sachez que, volontaires ou non, vous devrez TOUS participer afin qu'ensemble, vous vous réappropriiez votre collège. Bienvenue à tous dans cette aventure passionnante et innovante qu'est l'opération RAPELE !

L'équipe pédagogique a encore applaudi, le principal a remballé son mégaphone et ils ont quitté le gymnase en nous laissant plantés là.

Que les élèves se réapproprient leur collège ? N'importe quoi ! D'ailleurs, moi, c'est pas compliqué : si je me réapproprie ce collège, je le rase et je fais construire une piscine à toboggans à la place !

Dans la cour, les commentaires allaient bon train. On était tous déchaînés.

– En fait, le but, c'est de nous faire bosser gratos ! a lancé Thibault pour ouvrir le débat.

– Exactement ! L'académie nous prend vraiment pour ses larbins !

– Et puis que vont devenir les employés du ménage et de la cantine ? Ils vont se retrouver au chômage ?

– C'est vrai, ça. C'est dégueulasse ! C'est antisocial !

– Moi, je m'en fiche. Je suis allergique aux produits ménagers, alors je serai dispensé.

– Moi, je me dispense tout seul ! Je suis là pour étudier, pas pour être un cobaye de l'académie.

– C'est nul !

– Je fais pas le ménage dans ma chambre, c'est pas pour le faire dans mon collège !

– Je vais demander à ma mère d'écrire au rectorat.

– De toute façon dès qu'il y a du changement, tout le monde râle. Moi, je suis pour le changement.

– Changement toi-même !

– Moi, je trouve ça bien, est intervenu quelqu'un. À l'époque de nos arrière-grands-parents, ça se passait comme ça et l'école était plus respectée.

Mais il n'a pas eu beaucoup de succès...

Bref, ça partait dans tous les sens. Et il y avait un tel brouhaha qu'on n'a pas entendu la sonnerie de fin de récréation et qu'on est tous arrivés en retard en cours.

- Gravillons coincés dans mes semelles : 3

De retour en classe, Mme Bristol nous a demandé de constituer des duos. Évidemment, je me suis mise avec Noé.

– Vous serez systématiquement deux pour effectuer chaque mission. Ainsi, en plus d'apprendre à respecter vos locaux, vous aiguiserez votre esprit d'équipe. Cette mesure est vraiment excellente en tout point ! a lancé la prof avec son petit rictus de sorcière diabolique.

Puis elle a tiré au sort pour nous attribuer nos tâches.

– Chers élèves, sachez pour votre culture générale qui aurait grand besoin de s'étoffer, que le tirage au sort était déjà utilisé dans la Grèce antique pour la répartition des charges publiques. Il s'agit du système le plus équitable que je connaisse. Par conséquent, je vous déconseille de broncher car je ne me priverais pas de distribuer des heures de colle aux contestataires.

• Élèves de ma classe qui ont maudit Mme Bristol à cet instant : 24 sur 24.

Résultat : cette semaine, Noé et moi sommes en mission graffitis. On va devoir faire la chasse aux coups de crayon et aux tags sur les murs du collège, puis les faire disparaître en frottant comme des malades. Génial.

– Effacer les graffitis devrait vous couper définitivement l'envie de prendre les murs pour des planches à dessin, a ajouté la vieille bique.

J'aurais préféré que cette corvée revienne à Victor, mais il ne perd rien pour attendre. Son tour viendra.

Tout le monde sait que Victor est l'auteur de la plupart des tags du collège. Il a toujours

un marqueur dans la poche et il est très doué pour ne jamais se faire prendre. Dès qu'il en a l'occasion, il inscrit sur les murs tous les détails de ses goûts musicaux.

Le « Should I stay or should I go[2] » en bas du mur du réfectoire, par exemple, c'est de lui. Le « Rihanna, je t'épouse quand tu veux ! » sur la contremarche du perron, c'est lui aussi.

Au dîner, j'ai parlé de l'opération RAPELE à mes parents. Évidemment ils trouvent ça formidable. Ils pensent que plus on est impliqués dans l'entretien d'un lieu de vie, plus on en est respectueux. Ils ont sans doute raison, mais moi,

---

2. Chanson du groupe punk The Clash.

nettoyer à la force du poignet des tags que je n'ai même pas fais, ça me saoule plutôt que ça me réjouit !

ESCLAVAGISME MODERNE

- Moral : 4/10
- Boutons d'acné sur mon front : 12 (sûre que cette remontée est due à cette satanée purée de carottes !)

Noé prétend que cette opération RAPELE est de l'esclavagisme pur et simple. D'après elle, vu que l'esclavagisme est interdit depuis des siècles, M. Barbier devrait aller direct en prison ou être écartelé, comme au Moyen Âge (vu que son collège date de cette époque, ça ne le dépaysera pas trop !).

– Écartelé ? s'est étonnée Charlène en s'immisçant dans notre conversation alors qu'on prenait notre goûter tranquilles dans la cuisine. Je ne sais pas ce que ça veut dire, mais ça ne m'a pas l'air trop *funny cool baby*, tout ça !

Quand je vous dis que ma sœur est inculte.

Question à poser à Charlène :
Est-ce qu'être inculte, c'est *funny cool baby* ?

VU

- Moral : 1/10
- Pensées positives : 0

Aujourd'hui, j'ai vu Joachim et Kalie s'embrasser.

C'était horrible !

Certes, je sais depuis longtemps qu'ils sortent ensemble (et qu'à cause de ça, ma chance d'avoir Joachim comme petit ami est proche de zéro), mais je ne les avais jamais vus s'embrasser.

Ça m'a carrément fait un choc au cœur et comme une décharge électrique dans toute la colonne vertébrale. Ensuite, j'ai eu une envie folle d'avaler un maxi wrap au poulet et un seau de cookies.

J'ai l'impression que je ne pourrai plus jamais m'endormir sans avoir peur que cette image ne vienne hanter mon sommeil.

Quel dommage que je n'aie pas été frappée de cécité provisoire juste à ce moment-là !

• Rondelles de saucisson auxquelles je n'ai pas su résister en raison de mon désespoir : 9 (en plus, elles étaient épaisses !)

C'est vraiment pénible que la moindre contrariété me donne envie de me jeter sur des tas de trucs super gras ou méga sucrés. Chaque fois, ce sont mes fesses qui morflent et mon acné qui s'étend. Quand je pense que Pauline a l'appétit coupé dès qu'elle est perturbée par quelque chose, je me dis que la vie est vraiment injuste.

LA ZIZANIE

- Moral : 5/10
- Boutons d'acné sur mon front : 15 (merci le saucisson !!!)
- Poids : +1,5 kg (merciiii le saucisson !!!)

Je suis inquiète. Maman et papa se disputent de plus en plus souvent.

Moi qui dis depuis toujours qu'ils forment un couple parfait, je suis en train de changer d'avis.

– C'est ma thérapie qui me chamboule ! se défend papa. Désolé d'être plus nerveux !

– Tu n'es pas nerveux, tu es acariâtre !

– Acariâtre ? carrément ! Elle est bonne, celle-là. La culture des laitues, ça ne te réussit pas, on dirait.

– La culture des laitues ?? Si tu t'intéressais un peu à ce que je fais, tu saurais que je ne cultive pas de laitues, tout simplement parce que ces vacheries de limaces me les bouffent toujours avant qu'elles ne mûrissent ! Je cultive des *batavias*.

– Eh bien moi, j'ai d'autres préoccupations dans la vie que les limaces, figure-toi ! Je viens de découvrir que, même si je ne l'ai jamais connu, mon père me manque atrocement !

– Si ça te transforme à ce point d'aller voir une psy, je te prie d'arrêter tout de suite ! Parce que les filles et moi, on en a par-dessus la tête !

« Les filles et moi » ? Ma mère nous associe toujours à elle quand elle est en désaccord avec papa. Alors qu'on n'a rien dit et qu'on n'est même pas forcément au courant de leurs discussions. Pas gênée ! Surtout que, généralement, moi, je suis plutôt du côté de mon père.

- Cheveux blancs sur les tempes de papa : 2 à droite et 7 à gauche.

Les seuls moments où mes parents ne se disputent pas, en ce moment, c'est lorsqu'ils jouent au Scrabble. À son anniversaire, papa a reçu une nouvelle édition Deluxe avec des pièces dorées et un plateau phosphorescent. Depuis, ils passent leurs soirées à y jouer. Je trouve ça très bizarre... Je pensais qu'il fallait avoir au minimum 90 ans et s'ennuyer sec dans une maison de retraite pour aimer ce jeu.

EN THÉORIE

• Moral : 5/10
• Minutes passées au téléphone avec Pauline : 1 (suis tombée sur sa messagerie)
• Nombre de fois où on a écouté *Skyfall* d'Adele avec Jean-Charles : 7 d'affilée

Cet après-midi, j'ai parlé à Noé des disputes de mes parents. Elle a une théorie très précise sur le sujet : selon elle, quand les parents se disputent, c'est qu'ils ne font plus assez l'amour.

Je ne vais quand même pas me cacher sous leur lit pour vérifier !

MORTEL

• Moral : 5/10
• Boutons d'acné sur mon front : 8
• Boutons d'acné sur la fesse : 1 (il s'est perdu ou quoi ?)

Depuis que Joachim a pleuré au cinéma à cause de son grand-père malade (et qu'il s'est mouché dans mon chiffon à lunettes[3]), je n'ai pas osé en reparler avec lui.

Mais il manque souvent les cours en ce moment et, d'après Thibault, c'est parce que son grand-père va de moins en moins bien.

---

3. Voir le tome 2 de mes carnets.

Je lui enverrais bien un SMS de soutien, mais pour lui dire quoi ? En plus, il a Kalie pour le consoler. La chanceuse ! À coup sûr, mon SMS arriverait comme un gros cheveu sur la soupe de leur amour, alors il est plus sage que je m'abstienne.

• SMS pour Joachim : 4 (tous effacés avant envoi, évidemment)

Parler de la maladie ou de la mort avec quelqu'un qui y est confronté, c'est très difficile et super angoissant. Trouver les mots justes et le ton qu'il faut n'est pas donné à tout le monde.

Par exemple, à la mort de Doliprane, notre chat, papa était tellement triste qu'il en avait pleuré dans l'ascenseur. Une voisine lui avait dit :

– Vous savez, un vieux chat boiteux et diabétique comme le vôtre sera bien plus heureux au paradis des chats que dans votre appartement exigu.

Ce n'était pas du tout ce qu'avait envie d'entendre mon père à ce moment-là. Résultat, il ne lui a plus jamais adressé la parole jusqu'à ce qu'on déménage un an plus tard.

Comme quoi, parfois, il vaut mieux la boucler !

SONDAGE FAMILLE DU JOUR

Quand quelqu'un est vraiment triste, faut-il lui parler de ce qui le préoccupe ou faire comme si de rien n'était ?

(En parlant de la pluie et du beau temps ou en racontant des blagues, par exemple.)

Réponse de mon père :

« Je n'en sais rien. »

(Il est en grande forme, ces jours-ci !)

Réponse de ma mère :

« Chaque cas est différent. Il n'y a pas de réponse unique à ta question, ma Lila. »

Réponse de Charlène :

« Tu fais dans le social, maintenant, Zeppelin ? Moi je dis que le mieux, c'est que chacun s'occupe de ses oignons. Point. »

(Vive l'empathie de ma sœur !)

Réponse de Jean-Charles (s'il pouvait parler) :

« Moi, je lui ferais écouter du Adele. »

(Mon bernard-l'ermite aime tellement cette chanteuse qu'il sort de son mini igloo dès qu'il entend sa voix.)

Réponse de Mano :

(Vu que, de l'avis de tout le monde ici – sauf du mien ! –, Mano fait partie de notre famille, il a donc – malheureusement ! – toute sa place dans mes sondages famille.)

« T'as pas du désinfectant ? Je me demande si mon piercing n'est pas en train de s'infecter. »

Ma réponse :

« TOUT LE MONDE SE FICHE DE MES SONDAGES FAMILLE, EN FAIT ! »

FLÛTE ALORS !

- Moral : 7/10
- Minutes à m'essayer à la télékinésie avant de m'endormir : 14 (un échec total !)

Mano a décidé de se mettre au didgeridoo. Je ne connaissais pas cet instrument de musique étrange. Apparemment, ça vient des Aborigènes d'Australie. Il s'agit d'un long bâton creux dans lequel on souffle en faisant vibrer ses lèvres. C'est hyper difficile d'en jouer ! Après trois jours d'acharnement, Mano réussit à peine à sortir quelques sons sourds qui s'apparentent aux bruits que fait mon estomac quand j'ai super faim. Faudrait peut-être lui dire que la flûte à bec existe. Au moins, quand tu souffles dedans, il se passe quelque chose qui ressemble à des notes de musique.

Ce qu'on ne peut pas reprocher à Mano (il lui faut bien une qualité parmi ses tonnes de défauts), c'est qu'il fait toujours les choses à fond. Mais là, il s'est tellement entraîné au didgeridoo qu'il a fait de l'hyperventilation et qu'il est tombé dans les pommes. Apparemment, gérer son souffle avec cet engin est impossible. Charlène, qui se faisait les ongles à côté de lui, s'est mise à hurler :

– MANO EST MORT !!! AU SECOUUUUUUUURS !!!!

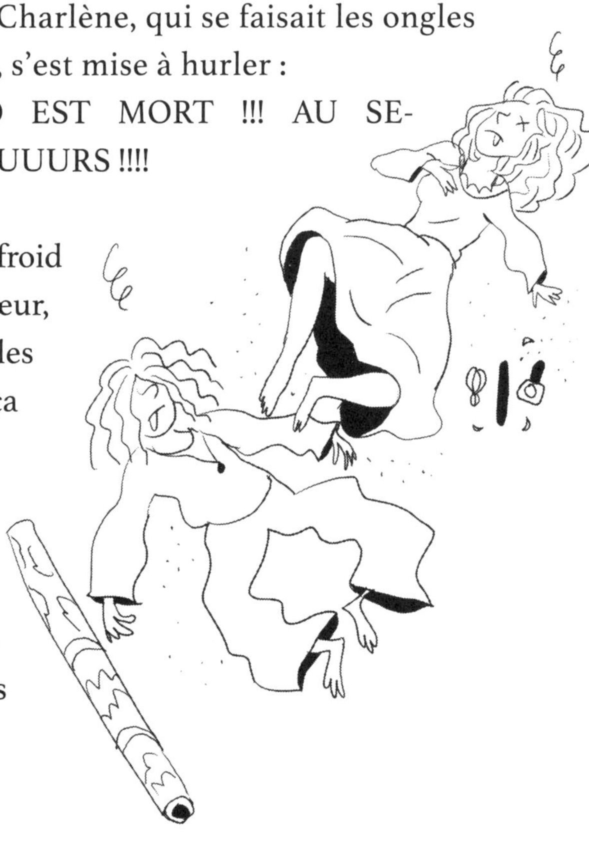

Le sang-froid de ma sœur, c'est comme les licornes : ça n'existe pas !

Du coup, elle a fait un malaise à son tour. (Je ne voudrais

pas avoir l'air d'insister, mais avec une flûte à bec, rien de tout ça ne serait arrivé !)

Les voyant tous les deux dans les vapes sur le tapis mandala de la chambre de ma sœur, je n'ai pas pu m'empêcher de prendre une photo. Je la garde précieusement, au cas où j'aurais un jour besoin d'un moyen de pression pour obtenir quelque chose d'eux.

Pauline

Tu es machiavélique, ma Lila !
😉 ❤️

AU SECOURS !

- Moral : 3/10
- État général : nul
- Jours qui me séparent des prochaines vacances scolaires : 48

Ça y est, c'est acté : maman va me coller la honte internationale !

L'info a été lâchée au dîner : l'installation d'une petite guérite pour vendre les légumes de maman devant la maison est prévue pour ce week-end.

Mano, super emballé par le projet, a proposé de se charger de la déco. Et maman, plutôt que de refuser (ce qu'aurait fait n'importe quelle personne sensée en ce bas monde), s'est écriée avec joie :

– Oh, oui, quelle bonne idée !

Ça me désespère, mais force est de constater que ma mère et moi n'avons pas du tout la même notion de ce qu'est une bonne idée !

En attendant de voir à quoi ressemblera la déco conçue par un mec qui trouve joli de porter un anneau dans la cloison nasale, j'ai préféré monter dans ma chambre sans prendre de dessert.

Jean-Charles était aussi dépité que moi. On a écouté des chansons d'Adele en se disant qu'il nous restait trois petits jours pour fuir loin d'ici et trouver une famille d'accueil sympa qui veuille bien de nous.

Pauline

Une guérite ? Tu veux dire un genre de petite baraque ?

Lila-Lou

C'est ça. Décorée par la créature informe qui sert de mec à ma sœur.

Pauline

Hi hi ! Si ça se trouve, il a bon goût.

Lila-Lou

Bon goût ? Tu veux que je t'envoie une photo de son froc ???!

Pauline

MDR !

(DÉ)CONNECTÉS

• Moral : 7/10
• Boutons d'acné sur mon front : 7 (de moins en moins. Trop contente !)
• Endroits où le papier peint se décolle dans ma chambre : 5 (de plus en plus)

Aujourd'hui, ça a été la journée des SMS étranges. À chaque fois que mon portable bipait, c'était pour signaler l'arrivée d'un message surréaliste. À part d'un alignement de planètes foireux, je ne vois pas trop d'où cela peut venir. En tout cas, j'ai bien rigolé !

Noé

Bistouri a un rhume. C'est dégueu, la morve de lapin nain !

Pauline

Tu as déjà rencontré quelqu'un qui met des chaussettes sur ses mains la nuit pour éviter de se ronger les ongles en dormant ? Moi oui : LE TIMBRÉ QUI ME SERT DE BEAU-PÈRE !!!!

Charlène

Coucou, sœurette chérie. Suis dans le bain. Tu crois que tu pourrais m'apporter mon magazine, STP ? Il est sur mon lit.

(*Sœurette chérie* ??? Et pourquoi pas « mon amour », tant qu'elle y est ! Cette fille est vraiment prête à tout pour pouvoir lire des débilités dans son bain. Pathétique.)

Joachim

Voldemort et James Bond.

Joachim

Sorry. SMS pour Thibault.

Birgit

Aujourd'hui à 17 h 12, mon frère s'est enfoncé la roue de sa brouette Playmobil dans le nez. Je suis aux urgences avec lui. Merci, la vie !! 😓

Numéro inconnu

Situ ran pa mé roller dem1 jpouri ton insta de ouf 🖕

Numéro inconnu

(mégaereur 2 destinatèr ! hihi !)

CRÊPES PARTY

• Moral : 9/10 pour le début de journée et 1/10 pour la suite (ou comment faire le grand écart en moins de douze heures !)
• Mailles déjà filées sur mon pull tout neuf : 3

Cet après-midi, chez Birgit, j'ai cuisiné mes fameuses crêpes aux M&M's bleus, ma spécialité. Birgit et Ella n'avaient jamais eu l'immense privilège d'y goûter (je dis « immense privilège » parce que je les cuisine uniquement pour les personnes auxquelles je tiens énormément, et que celles-ci ne courent pas les rues). Comme Pauline et Noé avant elles, Birgit et Ella ont adoré. Enfin, je devrais dire Birgit, Ella et Lucien, parce que voir Ella sans Lucien est désormais mission impossible. (C'est chiant, les amoureux !)

Lucien, magicien amateur qui n'a clairement pas de don pour la magie, a expérimenté un nouveau tour : faire disparaître les M&M's rouges du paquet en les faisant glisser discrètement dans les manches de sa chemise. Résultat : sa chemise blanche a fini tachée de rouge et son tour a foiré, comme d'hab'. Birgit, morte de rire, lui a dit :

– Tu te compliques la fie, Lucien. La meilleure façon de faire disparaître des M&M's rouges, c'est tout simplement de faire ça.

Et elle les a tous donnés à croquer à son chien Platon.

Bref, on a bien rigolé, on s'est régalés, et, pour immortaliser ce super dimanche, on a fait des tas de photos de nos langues bleues. Photos qu'Ella a l'intention de conserver jusqu'à ce qu'une hypothétique biographie de moi sorte un jour. (Depuis qu'elle sait que je vais boxer dans un téléfilm, Ella est persuadée que je vais avoir une grande carrière d'actrice. C'est la seule humaine à croire à une chose pareille, mais elle est tellement têtue que rien ne sert de la contredire.)

• Taches sombres sur la truffe de Platon : 9

En rentrant chez moi, l'estomac au bord de la rupture tellement j'avais mangé de crêpes, je suis tombée sur cette pancarte au coin de ma rue :

Je suis restée bloquée devant au moins une minute sans pouvoir bouger. Stupeur due sans doute aux raisons suivantes :

1. La flèche désignait notre maison.
2. J'ai reconnu l'écriture et la peinture artisanale de Mano.
3. J'ai compris que la guérite aux légumes était opérationnelle et que l'ère de la honte avait commencé.

• Nombre de pas qui séparent la pancarte du portail de notre maison : 19

Dès que j'ai eu recouvré l'usage de mes jambes, j'ai avancé jusqu'à chez nous.

Et là, j'ai constaté l'ampleur des dégâts. Dans ma tête, il y a eu un genre de hurlement de détresse qui a résonné si fort qu'il a dû faire exploser la moitié de mes cellules grises.

La guérite de ma mère décorée par Mano est tellement *too much* qu'il est difficile de la décrire sans avoir envie d'éclater de rire ou de s'ouvrir les veines.

Voilà ce qu'ils ont inscrit en lettres énormes sur une planche clouée au-dessus du cabanon bancal rose fuchsia ! *Les Légumes du love*. Mais d'où sort cette idée débile ?!! En plus, la planche est tellement grosse qu'il est parfaitement impossible de passer dans la rue sans la remarquer. À moins d'être complètement aveugle, évidemment. (D'ailleurs, je serais assez pour interdire dès aujourd'hui l'accès à notre rue aux personnes voyantes.)

Le plus merveilleux, dans tout ça, c'est que Mano a eu la formidable idée de baptiser les

légumes de maman. Il a mis des légendes sur chaque cageot.

Les batavias s'appellent *Carla* (prénom de maman), les courgettes *Marilyn* (comme Marilyn Monroe. On se demande ce que Marilyn vient faire dans cette galère ! D'autant que rien ne nous prouve qu'elle kiffait les légumes. Je suis sûre qu'elle se gavait de burgers et de tacos du matin au soir). Les citrouilles se nomment *Zara* (comme les boutiques de fringues. Idée de ma sœur) et les betteraves *Charlène*.

Avouez qu'il y a de quoi rester sans voix. Sans souffle, même.

Moi, j'ai juste foncé dans ma chambre en ignorant tout le monde. Je n'avais qu'une envie : remplir ma valise à roulettes et partir vivre ailleurs. Loin. Très loin. Et je me suis dit qu'il était grand temps que je retrouve ma vraie famille !

• Chaussettes orphelines abandonnées sur mon bureau : 1

D'après papa, maman est restée un peu perplexe en découvrant la déco improbable de sa guérite. Mais, en fin de compte, elle a trouvé ça super.

– Quelle imagination, Mano. Où trouves-tu toutes ces idées ? Tu m'épates !

Personnellement, à la place de ma mère, j'aurais vraiment eu les boules que des batavias portent mon nom. Ça se confirme : depuis quelque temps, plus rien ne m'étonne dans cette famille.

Question :

Est-ce parce qu'il y a le mot « bête » dans « betterave » que Mano a choisi précisément ce légume pour rendre hommage à ma sœur ?

Si ce n'est pas le cas, c'est ce qu'on appelle un superbe acte manqué !

• Personnes lacérées mentalement au cutter : 3 (Mano, Charlène et ma mère)

Les gens qui vont passer devant chez nous à partir d'aujourd'hui vont forcément penser que les habitants de cette maison prennent des drogues toute la journée. Peut-être même qu'ils feront un signalement à la police et qu'on aura une descente de flics en pleine nuit. Moi qui aime la discrétion, je suis gâtée !

ANONYME

- Moral : 4/10
- État général : dépitée

Charlène est tellement fière que des betteraves portent son nom qu'elle se conduit comme si elle venait de décrocher un Oscar à Hollywood.

– Je suis méga émue, Mano. Vraiment, je tiens à vous remercier, toi et maman, pour cet honneur trop *funny cool baby* que vous me faites.

Cette fille est vraiment grave.

- Nombre de fois où Charlène a dit *funny cool baby* en ma présence depuis ce matin : 4 (ridicule !)

Alors que j'étais dans mon bain et que Charlène venait pour la troisième fois me mettre la pression pour que je lui laisse la place, elle s'est assise sur le rebord de la baignoire et m'a regardée de haut :

– Mano n'a donné ton nom à aucun légume, Zeppelin, tu as remarqué ? Sûrement parce que maman ne cultive pas de patates. Dommage !

Puis elle s'est levée et a regagné sa chambre avec son petit rire nul de fille nulle.

Tonton Rémi dit toujours qu'il faut se réjouir des choses positives qui nous arrivent. Eh bien, moi, je me réjouis qu'aucun légume terrestre (ni extraterrestre) ne porte mon nom !!!

Et heureusement, car ça m'aurait sans aucun doute plongée dans une grave dépression.

LA HONTE EST UN PLAT QUI SE MANGE CHAUD

• Moral : 4/10
• État général : fébrile
• Nombre de fois où j'ai eu envie de changer de famille depuis ma naissance : on vient de passer le milliard !

Noé vient de m'envoyer une photo de la guérite des Légumes du love avec le message suivant :

Noé

LILA, ALERTE TES PARENTS, Y A UN BARGE QUI A INSTALLÉ UN STAND CHELOU DEVANT CHEZ VOUS. IL S'EST CRU SUR UN MARCHÉ À IBIZA OU QUOI ?!

Et voilà. Merci, maman. Il va falloir que je dise à ma super copine que le barge qui squatte devant chez nous, c'est toi !!! Si Noé ne veut plus jamais marcher à mes côtés dans la rue, ce sera de ta faute !

• Bouffées de chaleur suite aux SMS de Noé : 1 (mais elle dure depuis des heures !)

NUIT MOUVEMENTÉE

- Moral : 3/10
- Boutons d'acné sur mon front : 12 (remontée spectaculaire qui prouve que la contrariété nourrit ces vacheries de boutons autant que le saucisson !)

Cette nuit, je me suis réveillée en sursaut à 4 heures, complètement en nage.

Dans mon rêve (ou plutôt mon cauchemar), Charlène dansait nue sur le toit de la guérite pendant que ma mère (nue, elle aussi) vendait des daurades aux passants. Paul Vohl (le pote déjanté de mes parents) photographiait tout ça, et Teddy, qui assistait, stupéfait, au spectacle, prenait la décision de ne plus jamais m'écrire de lettre et de carrément m'oublier.

Comme chaque fois que je fais un cauchemar, j'ai allumé la lumière et je l'ai raconté de vive voix à Jean-Charles ainsi que par SMS à Pauline. (Le fait d'en parler me permet de me rendormir plus sereinement.)

Jean-Charles n'a rien répondu (normal, c'est un bernard-l'ermite qui, comme ses congénères, n'est pas doué de parole) mais Pauline, elle, n'a pas tardé (Pauline, comme ses congénères, est très douée pour les SMS).

Pauline

T'as des nuits calmes, ma Lila, dis donc ! 😅

C'est vrai que la prochaine fois que Teddy va venir mettre une lettre dans ta boîte, il va pas être déçu !!! 😱

Au fait, merci pour le réveil à 4 heures du mat. J'avais oublié de me mettre en mode vibreur. 😴

Pauline

PS : entre deux uppercuts avec Teddy, essaie de lui faire savoir que tu as sans doute été adoptée ! Ça pourrait sauver le truc. 🩶

ÇA BOUCHONNE

• Moral : 4/10
• Personnes bombardées mentalement à l'œuf pourri : 3 (Mano, Charlène et maman)

Résolution du moment : toujours porter un bonnet/cagoule/casquette/capuche ainsi que des lunettes noires pour partir au collège incognito.

Avec le stand des Légumes du love (je ne m'en remets pas !), les voitures ralentissent

tellement devant chez nous qu'à certaines heures, ça crée des embouteillages. Ce matin, deux automobilistes ont même failli se battre parce que l'un était à l'arrêt alors que l'autre était pressé.

Je suis passée discretos devant la mini émeute qui était en train de se former et j'ai filé au collège planquée dans ma capuche, alors que c'est plutôt la saison des cheveux au vent.

Une fois en cours, j'ai réalisé que le type pressé n'était autre que notre prof de français.

– Désolé pour mon retard, les jeunes, mais un petit rigolo fait l'attraction avec son stand de légumes sur le trottoir, et ça fait des bouchons infernaux.

J'étais cramoisie de honte et Noé m'a lancé un regard dans lequel on pouvait clairement lire « Ma pauvre, j'aurais tellement les boules à ta place ! »

Quand on y pense, un truc appelé « Les Légume du Love» qui génère des bagarres – et donc de la violence –, c'est vraiment nul. Comme dit souvent papa, parfois, ce monde marche sur la tête. (J'adore cette expression !)

À LA BAGUETTE

- Moral : 5/10
- Poids : stable (à quand une baisse notable ?)

Aujourd'hui on a reçu un colis de Grand-maman.

Il contenait :

- Une paire de lacets arc-en-ciel pour la collection de Charlène (à 18 ans passés, ma sœur continue de collectionner les lacets…).

- Une brassière turquoise pour moi.

- Des baguettes chinoises pour toute la famille.

Personne n'a compris le pourquoi des baguettes chinoises, jusqu'à ce qu'on appelle Grand-maman pour la remercier.

Un restaurant asiatique vient d'ouvrir dans son village. Du coup, elle découvre avec émoi à 76 ans qu'une partie de l'humanité se nourrit avec autres choses que des couverts en Inox. La révélation !

Comme Mme Bristol, ma prof d'histoire-géo, aime à nous le rappeler : « La culture se fait tout au long de la vie. Mais ce n'est pas une raison pour ne pas commencer dès maintenant, bande de fainéants ! »

COLIBRI, LE RETOUR

- Moral : 7/10
- Ongles suffisamment longs pour être rongés : 0 (aucun n'a survécu au choc causé par les légumes du love !)

Mon père a défoncé notre boîte aux lettres au pied-de-biche. Elle était bloquée depuis dix jours par un chewing-gum enfoncé dans la serrure (ou quelque chose du genre). On a donc eu un tas de courrier d'un seul coup. Et parmi les enveloppes, il y en avait une pour moi. Avec mon nom en lettres capitales découpées dans du journal. Une troisième lettre du colibri que j'ai réussi à intercepter avant que Charlène ne la voie et me charrie à nouveau.

Je suis montée dans ma chambre tranquillement pour ne pas montrer mon excitation et je me suis glissée sous ma couette pour l'ouvrir.

ÊTRE OU NE PAS
ÊTRE CELUI QUE
TU IMAGINES.
TEL LE PRINCE
CHARMANT
TRANSFORMÉ EN
CRAPAUD.
CACHER SON JEU
MAIS PENSER À TOI
TOUT LE TEMPS.

Je l'ai relue une dizaine de fois. D'abord dans ma tête puis à voix basse sous la couette. Je n'imagine tellement pas Teddy écrire ça… C'est fou !

En tout cas, la guérite de maman n'aura pas eu raison de son amour pour moi. Ses sentiments doivent être incroyablement forts…

Avant de glisser la lettre avec les autres dans ma valise à roulettes/table de nuit/boîte à secrets, je l'ai photographiée et envoyée aux copines. Tout le monde m'a répondu dans les deux minutes qui ont suivi.

Birgit

C'est pas un pro de la rime, mais ce mec est vraiment surprenant. 😅

Noé

J'arrive, je veux voir ça en vrai !

Pauline

C'est dingue qu'il parle de crapaud. Y en avait justement un dans la botte de mon beau-père, hier. Il l'a jeté dans la cheminée (allumée) ! Ce type est fou.

Ella

QU'EST-CE QUE T'ATTENDS POUR SORTIR AVEC LUI ????!!!!

Et dire qu'à l'entraînement de demain, face à Teddy, je vais devoir faire comme si de rien n'était.

Je déteste cette situation bancale mais je ne me vois pas m'approcher de lui et lui dire :

– Salut, Teddy, ça va ? Au fait, j'adore les lettres que tu m'envoies. C'est trop cool.

• Plaies dans la bouche à cause de ma bague décollée : 2

MESSAGE FEUTRÉ

• Moral : 5/10
• Têtes de mort effacées par Noé et moi sur la rambarde de l'escalier du collège : 7
• Tendinites potentielles : 3 (poignet, coude, épaule). Merci, l'opération RAPELE !

Parmi les tags que Noé et moi avons dû effacer au collège hier matin, il y avait celui-là : « MENTEUR = LÂCHE », écrit au feutre sur la porte des toilettes du rez-de-chaussée.

J'ai frotté comme une folle pour effacer cette phrase et, sur le moment, je n'ai pas pesé la teneur du propos. Mais la question se pose : moi qui mens à Teddy, ne suis-je pas une lâche ?

• Nombre de fois où j'ai répété « Je ne suis pas une lâche » dans ma tête avant de m'endormir hier : 64

LA RUINE

• Moral : 6/10
• Minutes passées devant la télé en rentrant du collège : 76 (trop cool de ne pas avoir de devoirs !)

Question :

Papa a-t-il évoqué le stand des Légumes du love avec sa psy ?

Si oui, à mon avis, elle va proposer qu'il passe à trois séances par semaine ! (Et tout notre héritage finira sur le compte en banque d'une psychologue complètement étrangère à notre famille et qui en plus s'appelle Mme Lascar.)

SURPRISE !

- Moral : 10/10
- État général : happy
- Première impression sur ce week-end : TOOOOP !

Pauline m'a fait une super-méga-top-géniale surprise !

Avec la complicité de papa, elle est arrivée ce matin pour passer le week-end chez nous. Et comme lundi c'est férié, ça nous fait trois jours pour profiter l'une de l'autre. Trop bien ! Quand j'ai vu sa petite bouille devant la porte après que papa est allé la chercher en catimini à la gare, j'étais tellement contente que j'ai carrément pleuré.

– Surprise, ma Lili ! a crié papa, trop content de me faire plaisir.

Pauline et moi, on s'est sautées dans les bras.

– Tu sais que ça fait pile 5 ans qu'on se connaît, Lila ? a-t-elle dit. C'est un peu notre anniversaire, en fait.

Et elle m'a offert une bande dessinée géniale sur deux filles inséparables comme nous.

• Photos de Pauline et moi postées en moins d'une heure sur Instagram : 22

C'est très dur d'habiter à 300 km de sa meilleure amie. Mais ça permet de vivre des moments vraiment inoubliables.

EN PLEIN VENT

• Moral : 10/10 (quand Pauline est là, mon moral est toujours au top !)

Depuis quelques jours, il fait méga beau. Dans les médias, tout le monde parle d'un pic de chaleur anormal pour la saison. Le réchauffement climatique est sur toutes les langues. Charlène et Mano ont même tendu à leur fenêtre une banderole qui dit :

RÉCHAUFFONS NOS CŒURS PLUTÔT QUE LE CLIMAT.

C'est sûrement très poétique, mais si cette banderole pouvait être accrochée ailleurs que sur la façade de notre maison – déjà bien chargée en trucs qui fichent la honte –, ça m'arrangerait.

• Raisins secs dans pain aux raisins de mon petit déjeuner : 17

C'est vrai que le climat part en sucette. Cependant, quand les pics de chaleur tombent les week-ends où ma meilleure amie vient me voir par surprise, personnellement, je n'ai pas envie de me plaindre.

Papa, qui partait pour un après-midi kitesurf au bord de mer (pendant que maman bêchait le fond du jardin pour agrandir encore son potager), nous a proposé de l'accompagner. Pauline et moi avons évidemment dit oui tout de suite. On a attrapé des paréos, des maillots de bain, et on a grimpé à l'arrière de la voiture.

Au moment où papa démarrait, Charlène s'est incrustée.

– Attendez-moi ! Je ne vais pas louper l'occase d'inaugurer mon nouveau Bikini. Poussez vos fesses, les mioches !

Et elle s'est collée à nous sur la banquette arrière.

On dirait qu'elle fait exprès de provoquer des situations agaçantes pour que je la maudisse chaque jour un peu plus !

Avec Pauline, on s'est regardées, dégoûtées. Pour nos confidences pendant le voyage, on a opté pour les échanges de textos alors qu'on était collées l'une à l'autre. Trop débile, mais pas le choix.

Pauline

C'est quoi cette odeur horrible dans la caisse de ton père ? 😱

Lila-Lou

Du patchouli. Charlène en met cent fois trop !

Pauline

Elle n'a pas d'odorat, ou quoi ?!

Lila-Lou

On a besoin de neurones, pour percevoir les odeurs. Tu comprends pourquoi c'est un problème pour Charlène… 😀

Pauline

Y a une heure et demie de route, c'est ça ?

Lila-Lou

Oui.

Pauline

Je vais mourir asphyxiée ! ☠️ ☠️
☠️ ☠️ ☠️ ☠️ ☠️ ☠️ ☠️ ☠️ ☠️
Tu pourras donner mes organes à la science, si tu veux 😉

Lila-Lou

Quand je te dis que t'as trop de chance d'être fille unique !!! 😢

Sur la plage, Pauline et moi sommes restées au ras du sol avec nos paréos comme couvertures. Il y avait certes un grand soleil mais aussi un vent de dingue. Pas grave, on avait tellement de choses à se raconter ! Le seul moment où on s'est levées, ça a été pour aller s'acheter des paninis au Nutella.

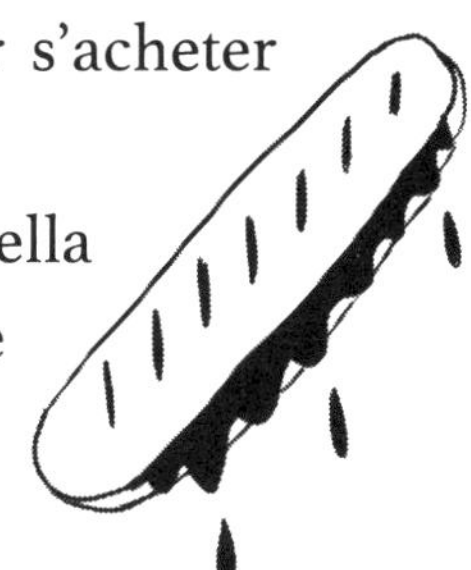

Oui, je sais : le panini au Nutella est typiquement le genre de chose fortement déconseillé par le rebondi de mes fesses. Mais manger un panini au Nutella sur une plage avec sa meilleure amie fait partie des délices ultimes de la vie qui ne se refusent pas.

Charlène, elle, a passé son temps à arpenter la plage en maillot de bain comme si on était en plein été. Elle roulait des fesses de façon tellement exagérée qu'on aurait dit qu'un truc la démangeait dans son bas de Bikini.

Ridicule. Surtout qu'elle avait la chair de poule et les lèvres à moitié bleues. Cette fille est prête à tout pour se faire remarquer (même à mourir d'hypothermie sur une plage en plein mois de mars).

Papa a vraiment galéré avec sa voile de kitesurf. Après une demi-heure à plutôt bien gérer les bourrasques, sa voile s'est écrasée sur une famille qui construisait un énorme château de sable. La fillette, dégoûtée que son superbe château de princesse ne ressemble plus qu'à un tas de ruines, s'est mise à hurler à la mort. Personne ne réussissait à la calmer et il a fallu qu'on abandonne nos paninis un moment pour aider papa à reconstruire les vingt-deux tours de son château. Objectif : faire taire la mioche que toutes les plages du littoral pouvaient entendre

s'égosiller comme si un bourreau lui arrachait les ongles. (Inutile de préciser que Charlène ne nous a pas aidés. Elle avait soi-disant mal au dos et un problème d'ongles cassants. Je la déteste !)

Quand on est revenues à nos paninis, ils étaient archi froids et pleins de sable à cause du vent. Grrr.

CINOCHE

• Moral : 10/10
• Traînées de pluie en forme de statue de Giacometti géante sur la façade : 1

Le vent d'hier a apporté des nuages. Aujourd'hui, il a plu toute la journée. Pauline avait très envie de retourner voir un film d'horreur avec Thibaut et Joachim, comme la dernière fois qu'elle était venue. Mais aucun film d'horreur n'est à l'affiche en ce moment. Que des dessins animés et des comédies romantiques plus niaises les unes que les autres. Je nous voyais mal proposer à Thibault et Joachim un film à l'eau de rose avec des filles en robe à volants qui ricanent bêtement.

Finalement, on est restées en duo, et on est allées voir le Walt Disney qu'on avait loupé l'autre jour en se gavant de pop-corn. C'était génial. Le bonheur entre copines tient à pas grand-chose !

• Peaux de grains de maïs coincées entre mes molaires du fond à la sortie du ciné : 4 (on devrait toujours avoir un cure-dents sur soi)

Ce soir, Noé nous rejoint à la maison. Maman prépare des lasagnes. Trop sympa, c'est le plat préféré de Pauline.

ENTRE COPINES

• Moral : 10/10
• Pages à peine cornées du *National Geographic* de papa : 3 (et il nous a fait une crise !)

Les lasagnes de maman étaient aux légumes. Pauline a été super déçue. Pas parce que c'est mauvais, les lasagnes aux légumes, mais parce que les lasagnes bolognaises, c'est quand même une institution. Ma mère ne respecte vraiment plus rien depuis qu'elle s'est transformée en Nicolas le jardinier !

Dans ma chambre, après un giga tournoi de UNO (remporté haut la main par Noé), on s'est toutes les trois glissées sous ma couette et Pauline nous a parlé longuement de son nouveau beau-père.

Elle le déteste. Il faut dire que c'est le roi des ringards (la preuve, il porte un blouson à scratchs et des espadrilles roses) et il fait tout pour être le moins sympa possible avec elle. Il lui confisque son portable pour un rien (alors qu'un beau-père n'a pas les mêmes droits qu'un vrai père, faudrait qu'il se calme, celui-là !) et lui fait bien comprendre qu'il préférerait être tranquille en amoureux avec sa mère.

En évoquant tout ça, Pauline avait l'air vraiment triste et on a bien cru qu'elle allait se mettre à pleurer.

– Tu t'en fiches, tu n'as qu'à l'ignorer, ce gros naze, a suggéré Noé.

– Oui, fais comme s'il n'existait pas, ai-je enchéri.

– Ou bien tu décides de lui empoisonner la vie.

– Oh oui ! En mettant ta musique à fond chaque fois qu'il est là.

– Ou en pétant dans ses fringues.

– Ou en vidant des litres de miel dans ses espadrilles !

– Comme ça, il finira par partir.
– Et tu seras débarrassée de lui à tout jamais !

Pauline a rigolé à notre scénario improvisé et on s'est endormies toutes les trois en se tenant la main.

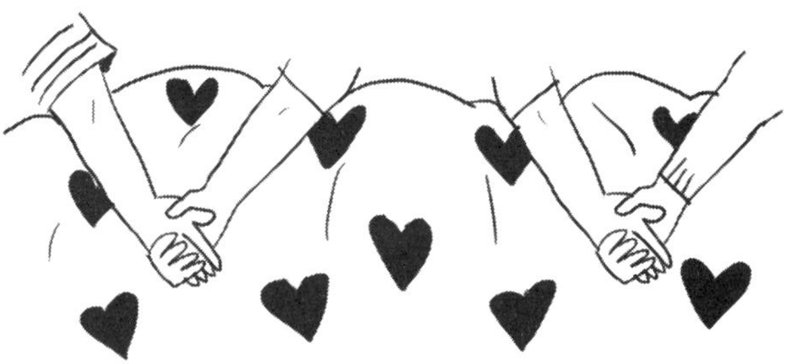

ADIEUX DÉCHIRANTS

• Moral : 2/10
• Annonces SNCF signalant de gros retards sur le réseau : 9
• Annonces signalant l'annulation du train de Pauline : 0 (malheureusement !)

Chaque fois que Pauline et moi nous quittons sur le quai de la gare, nos gorges sont serrées comme des poings, et des larmes s'accrochent aux coins de nos yeux.

– Allez, les filles, vous allez vite vous revoir, a dit papa.

Mais « vite se revoir », pour des gens de l'âge de mon père, ça ne veut pas dire grand-chose. La dernière fois qu'il a dit « à bientôt » à son ami Jeff, c'était pour le revoir dix ans plus tard (Jeff a déménagé en Martinique) ! Pour notre génération, « vite se revoir » signifie se revoir le lendemain ou dans les jours qui suivent. Or, comme Pauline habite à 300 km, il y a peu de chances que ça arrive. À moins, bien sûr, qu'un savant fou ne réussisse à mettre au point une méthode de téléportation dans les 72 heures...

Pour remercier Pauline de sa surprise (et de sa super amitié en général), j'ai glissé dans son sac un truc auquel je tiens énormément. L'un des objets auxquels je tiens le plus, en vérité : le stylo nacré que m'avait envoyé Grand-maman il y a un an et que j'utilisais exclusivement pour écrire mes carnets intimes.

Offrir une chose à laquelle on tient vraiment, c'est le plus beau des cadeaux qu'on puisse faire à quelqu'un, non ? En tout cas, j'ai estimé que c'était le meilleur moyen de montrer à Pauline à quel point elle compte pour moi.

Et vu le SMS que je viens de recevoir, je crois que ça lui a fait très, très plaisir !

Pauline

MERCI ! MERCI ! MERCI ! ❤️ ❤️ ❤️ ❤️ ❤️ Je sais combien tu tiens à ce stylo, ma Lila. Alors promis, juré, craché, je n'écrirai que des belles choses avec ! (Donc, évidemment, aucun de mes cours…) ❤️ ❤️ ❤️ ❤️ ❤️ ❤️ ❤️

SOUS PRESSION

- Moral : 6/10
- Mini Spiderman sur le sweat de Vivian : 49
- Mini Vivian sur le sweat de Spiderman : 0 (Hi hi !)

Plus que quelques semaines avant le tournage du téléfilm.

Le réalisateur doit bientôt passer à l'entraînement et Vivian, qui est chargé de me coacher, se met la pression tout seul.

– Si tu te rates, Lila, c'est comme si c'était moi qui échouais. Je suis ton coach et je veux que ça le fasse à fond ! C'est ma crédibilité qui est en jeu.

Je crois qu'il prend tout ça un peu trop à cœur. Si ça continue il va se faire un ulcère. Je ne suis pas en train de préparer les J.O. ; juste une scène rikiki dans un téléfilm.

Birgit a beau essayer de le calmer avec ses « Eh Fifian, Lila n'est pas Mohamed Ali ! », il est super tendu et je n'ai plus le droit à l'erreur.

Dire qu'il y a à peine six mois, je pensais encore qu'un uppercut était une bactérie marine.

Depuis la troisième lettre anonyme de Teddy, j'ai beaucoup de mal à boxer contre lui. J'ai l'impression qu'il est écrit sur mon front en lettres lumineuses et clignotantes que je sais qu'il est le colibri. Heureusement qu'on combat avec un casque. Autrement, tout le monde verrait à quel point je suis super mal à l'aise.

MALÉDICTION DE VOISINAGE

• Moral : 3/10
• Fissures sur le terrarium de Jean-Charles : 25 (dont 22 à peine visibles, j'ai dû utiliser une loupe pour les détecter)

En rentrant de la boxe, j'ai trouvé mes parents en train de boire du champagne avec Paul Vohl. Car ça y est, c'est fait, c'est officiel (et malheureusement irréversible) : Paul Vohl a acheté la maison délabrée derrière chez nous. (Le mot délabré est faible pour qualifier la maison en question. *Poubelle géante* ou *tas de boue* seraient plus appropriés).

– C'est une excellente nouvelle, Paul, s'est enthousiasmé mon père en trinquant avec l'homme à l'éventail.

Paul Vohl comme nouveau voisin, ce n'est pas ce que j'appellerais une bonne nouvelle. À mon sens, ça se rapprocherait plus de la malédiction. Car en plus d'être le photographe le plus givré du monde, ce type est l'un des êtres les plus envahissants que je connaisse. On n'a pas fini de le voir débouler à la maison !

Question :

Pourquoi notre maison attire-t-elle autant les squatteurs ? Mano, les cloportes, Paul Vohl… Qui seront les suivants ?

Quand Charlène est rentrée du lycée et qu'elle a vu Paul Vohl installé comme un pacha dans le canapé du salon, elle a levé les yeux au ciel tellement haut que j'ai cru qu'ils n'allaient jamais redescendre.

Ma sœur ne le supporte pas non plus. Elle le trouve « débile et prétentieux », ce qui fait que pour une fois, elle et moi sommes du même avis. Exploit !

Alors que papa cherchait dans son téléphone les coordonnées d'un entrepreneur spécialisé en maisons toutes pourries, Paul Vohl s'est exclamé :

– Il est hors de question que je fasse des travaux pour l'instant ! Le délabrement ne me fait pas peur, au contraire. Ce peut être une grande source d'inspiration pour un artiste comme moi, en perpétuelle recherche du génial.

« Dis tout de suite que tu es un génie ! » ai-je pensé en quittant le salon, dépitée.

Quoi qu'il en soit, une chose est sûre : si Paul Vohl est un génie, moi, je suis danseuse étoile. Et Jean-Charles est une licorne !

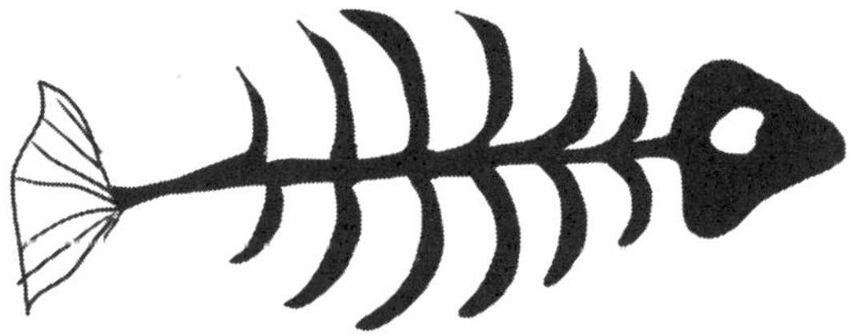

CLÉS

- Moral : 4/10
- Boutons d'acné sur mon front : 7
- Arêtes dans mon filet de poisson de ce midi : 16 (encore une fois, c'est moi qui suis tombée sur le morceau le plus pourri !)

Paul Vohl a laissé les clés de sa maison-poubelle à maman qui s'est proposée de débroussailler son jardin – la jungle amazonienne, en pire. C'est sûr qu'avant qu'il puisse garer son cabriolet tape-à-l'œil devant chez lui, il y a du boulot ! Il faudrait s'y mettre à plusieurs, et à la tronçonneuse !

- Clés sur le trousseau de Paul Vohl : 4
- Clés tellement rouillées que tu peux attraper le tétanos rien qu'en les regardant : 4

DOSSIER ÉPINEUX

- Moral : 7/10
- Rêves avec Joachim dedans : 2
- Araignées croisées dans le placard à petits déjeuners de la cuisine : 1 (mais elle est énorme alors peut-être qu'elle est sur le point de pondre des milliers de bestioles. Help !)

Ce matin, devant le collège, la mère de Joséphine a fait un esclandre. Le doigt de sa fille s'est infecté à cause d'une épine de rose passée sous son ongle.

– Avec votre opération RAPELE à la noix, ma Joséphine a le pouce gauche de la taille d'une aubergine !

L'entretien de vos espaces verts devrait être assuré par des professionnels de l'horticulture et non par nos enfants ! Le ministère de l'Éducation nationale perd complètement la tête ! On nage en plein délire !

Nous, on était morts de rire parce que, à chaque fois que M. Barbier voulait prendre la parole pour se défendre, la mère de Joséphine hurlait encore plus fort en lui postillonnant dessus. Résultat, il a fini moucheté de salive sans avoir pu en placer une.

– Et sachez que si j'avais voulu que ma fille apprenne à jardiner, je l'aurais inscrite en CAP horticulture ! Alors en attendant que je lui fasse greffer des sécateurs à la place des bras, je vous prie de la dispenser de toutes ces corvées idiotes ! a conclu la mère de Joséphine avant de tourner les talons.

Cette femme devrait écrire pour le théâtre. Elle a clairement le sens de la réplique.

LA BOULE DE GRAND-MAMAN

• Moral : 5/10
• Notes au-dessus de 15 obtenues cette semaine : 4
• Compliments de mes parents suite à mon avalanche de bonnes notes : 0

Aujourd'hui, j'ai reçu une carte d'anniversaire de Grand-maman. Alors que ce n'est pas du tout mon anniversaire.

Papa se demande si elle ne perd pas un peu la tête car le mois dernier déjà, elle lui avait demandé des nouvelles de l'oncle Charles, qui est mort depuis longtemps.

Historique des dernières recherches Google sur l'ordinateur familial :

Alzheimer symptômes

Pourquoi dit-on « perdre la boule » ?

SOIRÉE RATÉE

• Moral : 4/10
• Éclats de noisette coincés dans mes bagues : 3
• Cure-dents cassés en tentant d'extraire les éclats de noisettes de mes bagues : 1

Il faudra que je pense à remercier Paul Vohl en lui offrant un verre d'arsenic ou un colis piégé à l'anthrax ! À cause de lui, mes parents se sont encore disputés comme des chiffonniers.

Papa reproche à maman de passer son temps à débroussailler le jardin de Paul Vohl, alors qu'elle fait déjà mille choses et qu'elle néglige sa famille (quand il dit « famille », il pense surtout à lui, bien sûr). Résultat, il lui a fait une scène alors qu'on se préparait pour notre rituel familial le plus sympa : regarder un film tous les quatre calés sur le canapé en mangeant des rochers Suchard.

– J'ai besoin qu'on prenne soin de moi, Carla, tu peux comprendre ça ?

– Mais je prends autant soin de toi que tu prends soin de moi, Virgile !

– Sauf que moi, je n'ai pas eu de père, je te signale.

– Oui, et quel est le rapport ?

– Le rapport, c'est que j'ai un grave manque d'affection qu'il faut combler.

– D'accord, Virgile, mais moi je ne suis pas ton père, je suis ta femme. ET JE TE RAPPELLE QUE JE T'AI ÉPOUSÉ, JE NE T'AI PAS ADOPTÉ !

Elle a quitté le salon en claquant la porte. Mon père l'a suivie et ils ont continué à se disputer dans leur chambre.

Charlène et moi nous sommes retrouvées plantées là, comme deux nouilles oubliées sur le bord d'une assiette.

– T'as vu, Zeppelin, comment ils se bouffent le nez ? Ça craint.

Charlène, qui a toujours un train de retard sur tout, remarque enfin que nos parents se disputent anormalement. Il était temps !

Avant de rejoindre nos chambres respectives, nous avons pris la décision de manger les quatre rochers Suchard à nous deux. En guise de compensation. Parce que c'est vraiment dommage que notre soirée famille soit tombée à l'eau. Pour une fois que Mano était chez lui !

- Boutons sur la télécommande de notre télé : 21

Voir mes parents se déchirer ainsi, même si j'ai sans doute été adoptée, m'attriste beaucoup. En fait, je l'aime fort, cette famille-là.

L'ILLUMINATION DE CHARLÈNE

- Moral : 5/10
- État : cernée

Charlène a déboulé au milieu de la nuit dans ma chambre. Elle avait fait un cauchemar : nos parents se détestaient tellement qu'ils construisaient un mur pour séparer la maison en deux et nous découpaient nous aussi en deux pour garder chacun un morceau de leurs filles.

Question :

Dans une famille normale, c'est bien la petite sœur qui vient se réfugier dans la chambre de la grande quand elle fait un cauchemar, non ?

En tout cas, Charlène était tellement chamboulée par son rêve qu'après me l'avoir raconté, elle s'est mise à sucer son pouce comme quand elle était petite. (Il faudrait peut-être qu'elle voie une psy, elle aussi !)

Pour la rassurer (même si je ne suis pas certaine que ce soit si rassurant que ça), je lui ai parlé de la théorie de Noé sur le fait que nos parents ne font peut-être plus assez l'amour. Une lumière s'est allumée dans ses yeux, comme si elle venait d'assister à un miracle.

– Tu as raison, Lili. On doit trouver le moyen qu'ils refassent l'amour autant qu'avant et surtout de façon aussi *funny cool baby*, tu ne crois pas ?

– Euh… si.

Franchement, je ne vois pas bien comment on pourrait procéder mais je n'ai pas pu faire autrement que de dire oui. Ma sœur me faisait tellement pitié, avec son pouce dans la bouche… Et pour une fois qu'elle m'appelle Lili et pas Zeppelin ou Nuche, il fallait bien que je marque le coup.

JUSTE INJUSTE

• Moral : 6/10
• Haricots verts mal équeutés dans mon assiette à la cantine : 5
• Haricots verts que j'ai laissés sur le bord de mon assiette, prétextant qu'ils étaient mal équeutés : 11

Ce matin, Mme Bristol a distribué les nouvelles missions RAPELE. Noé et moi, ainsi que trois autres binômes de la classe, avons été désignés pour dépoussiérer tous les livres du CDI.

Mauvaise nouvelle : il y en a 4 000 !

• Pompons qui pendent du foulard couleur caca d'oie de Bristol : 15

Suite au scandale qu'a fait sa mère, Joséphine est désormais dispensée de RAPELE. Même si sa mère a eu raison de s'insurger contre l'opération, on trouve tous injuste que Joséphine bénéficie d'un traitement spécial. Bravo l'égalité !

En plus, plutôt que de la mettre en veilleuse, elle a fait l'intéressante en brandissant son pouce bandé.

– Dépoussiérer 4 000 livres, franchement, il faut être abruti pour accepter !

Bref, Joséphine nous énerve tous et j'en connais plus d'un qui aurait envie de lui faire avaler son bandage ! Moi la première.

MISSION SAUVETAGE

• Moral : 7/10
• Boutons d'acné sur le menton : 1 (est-ce celui de ma fesse qui est remonté ?)
• Nouvelles bagues décollées de mes dents depuis récré Carambar avec Noé : 3

Charlène est venue me chercher au collège en voiture. Depuis qu'elle a son permis, c'est la première fois que ça arrive.

– J'ai dit à maman que j'avais rendez-vous dans une sandwicherie pour un petit boulot le week-end et que j'avais absolument besoin de la voiture.

– Et elle t'a crue ?!

– Bah oui, pourquoi ?

Pour rien. Juste que maman devrait connaître suffisamment sa fille aînée pour savoir qu'elle n'est pas du genre à avoir envie de bosser. Tout le monde sait que Charlène préférera toujours regarder des séries en se faisant les ongles et en écoutant Mano s'entraîner au digeridoo que de lever le petit doigt pour gagner un peu de sous.

Si maman n'a pas trouvé son explication louche, c'est que papa a raison : elle file un mauvais coton et néglige sérieusement sa famille.

- Miettes de pain sur le tapis de sol de la voiture : 61

On est allées jusqu'au *Kinder Blue* et comme il n'y avait pas de place pour la voiture, Charlène s'est garée en double file. Pas gênée. Je crois vraiment que ma sœur a trouvé son permis de conduire dans une pochette surprise – à moins qu'elle n'ait soudoyé l'examinateur à coup de lingots d'or pour qu'il le lui donne.

– Ce serait vraiment bien que les chercheurs se bougent pour inventer les voitures pliables comme les tentes Quechua, a grommelé

Charlène. C'est trop relou de chercher une place !

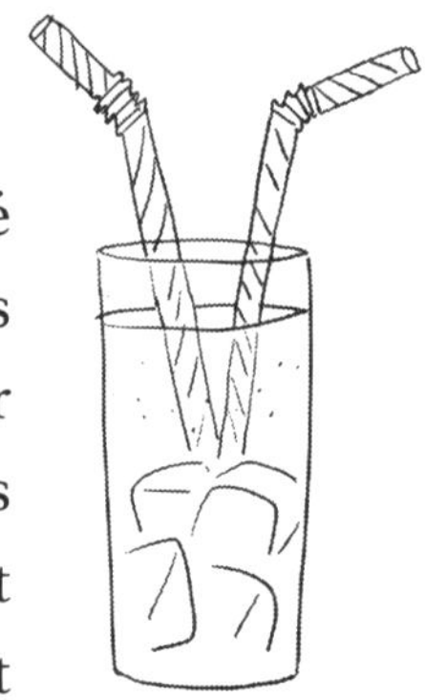

Au *Kinder Blue*, on a commandé une seule limonade pour deux (vu les prix qu'ils pratiquent, il doit y avoir du caviar dans leurs boissons !). Puis Charlène a pris un air exagérément sérieux (un peu comme si elle était agent secret ou qu'elle allait m'annoncer la fin du monde) et elle a murmuré :

– Lila, t'es prête pour notre grande mission de sauvetage ?

– Mission de sauvetage ? Pour sauver qui ?

– Bah le couple que forment nos parents, Nuche ! La situation est grave, il faut prendre ça très au sérieux ou notre famille va exploser en vol en moins de deux.

– Ah. Oui. D'accord.

– Tu acceptes donc cette mission ?

– Euh, oui.

– BAH ALORS DIS-LE ! s'est emportée Charlène.

– Ok, Ok. Je le dis : J'accepte cette mission.

– Très bien. Alors voici mon plan.

Charlène m'a parlé d'une arme secrète très *kisskisslovefunnybaby* (ce néologisme débile n'est évidemment pas de moi, il sort tout droit des méandres du cerveau de ma sœur) qui aurait le pouvoir d'inciter nos parents à faire plus l'amour et donc à moins se disputer : la brume d'oreiller booster de libido.

D'après Charlène, il suffit de mélanger trois huiles essentielles et d'en vaporiser les oreillers.

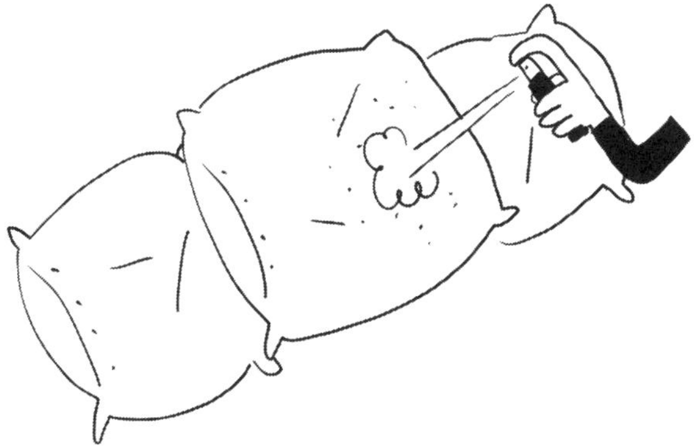

– Il paraît que les résultats sont fulgurants !!!

Pour être honnête, je ne crois pas une seconde à ce genre de « potion magique », mais ça ne coûte rien d'essayer.

En rentrant à la maison, on s'est arrêtées acheter les huiles essentielles en question, puis Charlène a fait le mélange.

Après le dîner, je me suis chargée d'occuper nos parents en racontant comment un élève de ma classe s'était pris une étagère de livres sur la tête à cause de l'opération RAPELE, pendant que Charlène s'introduisait dans leur chambre pour parfumer leurs oreillers avec son mélange.

Il ne reste plus qu'à espérer que la magie du *kisskisslovefunnybaby* opère.

AÏE !

• Moral : 7/10
• Nombre de fois où j'ai récité mentalement l'alphabet à l'envers avant de m'endormir : 21 (méthode de Birgit pour trouver le sommeil. Sauf qu'elle, elle s'endort à la moitié du premier.)

Alerte rouge ! Papa fait une allergie aux huiles essentielles. Il éternue non-stop depuis hier soir et ressemble à un hamster obèse tant ses yeux sont gonflés. Mission complètement foirée, donc : il a fini la nuit sur le canapé.

Or, avec un parent dans la chambre et l'autre dans le salon, tout rapprochement sexuel semble compromis !

Charlène

Pfff. Mauvais karma.

Charlène propose qu'on réfléchisse à un autre mode d'action. Mais soyons réalistes : la sexualité de nos parents, c'est quand même un truc sur lequel on n'a pas de prise. Heureusement, d'ailleurs. Car je me suis aperçue que moins j'en savais à ce sujet, mieux je me portais.

ARACHNO-CONNEXION

- Moral : 7/10
- SMS envoyés par Ella à Lucien le temps de se mettre en tenue dans les vestiaires : 18 (franchement *too much* !)

À l'entraînement, aujourd'hui, j'ai décidé de tout dire à Teddy. Ça m'a pris comme ça, aussi soudainement qu'une envie d'éternuer, en le voyant monter sur le ring.

Du coup, j'ai super bien boxé. Aucun mal à affronter son regard pendant nos combats puisque je savais que j'allais tout lui avouer à la fin de l'entraînement.

Le problème, c'est qu'exceptionnellement, Teddy n'est resté que la moitié du cours. Et il est parti en courant ! Il venait de se faire mordre par une araignée qui s'était planquée dans son gant. Comme il est super allergique (une fois, il s'est retrouvé avec un pied aussi gros qu'une pastèque), il a dû foncer à la pharmacie sans attendre.

D'habitude, je n'ai qu'une relation d'assassin à victime avec les araignées, au moment où je les écrase avec ma godasse. Mais là, apparemment l'une d'entre elles a voulu se la jouer complice avec moi en m'empêchant de dire à Teddy que je sais qu'il est mon colibri.

Comme j'essaie d'écouter les signes que m'envoie le monde (même si c'est via une saleté d'araignée), j'ai décidé de m'en tenir au plan initial : ne rien avouer à Teddy jusqu'à nouvel ordre.

ESPOIR DU SOIR

- Moral : 12/10
- État général : euphorique

Événement ! Joachim ne porte plus la bague que Kalie lui a offerte pour la Saint-Valentin. C'est Noé qui me l'a fait remarquer en cours de sport.

Joachim et Kalie ne sortiraient donc plus ensemble... Rien que l'idée me rend complètement hystérique à l'intérieur. J'ai l'impression de pétiller de partout et qu'il y a une grosse fiesta dans mon ventre avec boule à facettes et musique techno à fond.

Si Joachim ne sort plus avec Kalie, ça signifie qu'il est disponible pour une nouvelle histoire d'amour. Alors je le demande : POURQUOI PAS AVEC MOI ?

En même temps, je pose cette question en ayant bien conscience que Kalie a placé la barre très haut. Du coup, la probabilité qu'une fille ordinaire comme moi trône un jour aux côtés de Joachim à sa place n'est pas tout à fait de zéro, mais presque.

MALADE DE SALADES

• Moral : 8/10
• Crottes de chat dans notre cave : 11 (alors qu'on n'a pas de chat !)
• Barreaux posés à la lucarne de la cave par papa pour que les chats du quartier ne puissent plus y entrer : 7

Maman a les avant-bras griffés de partout. Elle a enfin terminé le débroussaillage chez Paul Vohl.

– Au passage, je lui ai planté quelques batavias. Ça lui fera une surprise, un genre de cadeau de bienvenue.

Maman a définitivement un vrai problème avec les salades. Ça devient obsessionnel !

Question :

Ça veut dire quoi, en psychologie, être *saladophile* ?

CHAUFFEUR PRIVÉ

• Moral : 6/10
• Lamas adoptés dans mon rêve cette nuit : 4 (dont un albinos)
• Traces de bave sur mon oreiller ce matin : 7 (apparemment, rêver de lamas fait baver !)

Ce matin, Paul Vohl m'a déposée en voiture au collège. J'étais en retard à cause de Charlène qui a cassé sa clé dans la porte d'entrée. En fait, elle avait enfoncé la mauvaise et comme ça n'ouvrait pas, plutôt que de se poser des questions, elle a forcé comme une malade.

Pour quelqu'un de soi-disant *peace and love*, je l'ai trouvée un peu violente, sur ce coup-là !

Bref, on était tous en retard. Du coup, maman a emmené Charlène au lycée pendant que Paul Vohl me conduisait, moi, devant le collège (il était passé récupérer ses clés au tétanos). Sauf qu'ensuite, ce boulet n'a pas réussi à redémarrer sa voiture. (Moralité : une voiture qui en jette à l'extérieur peut très bien avoir de la bouse sous le capot !) Alors il est entré dans le collège pour demander une bouteille d'eau pour son radiateur qui fuit. Or un type en cuissardes avec un éventail doré à la main passe difficilement inaperçu. Résultat, tout le monde s'est jeté sur moi pour savoir qui était ce mégalo et j'ai eu l'incommensurable joie de leur annoncer qu'il ne fait pas du tout partie de ma famille (un petit plaisir est toujours bon à prendre).

À la cantine, on a parlé de la maison délabrée de Paul Vohl. Tout le monde dans la région connaît cette bicoque parce qu'elle est vide depuis toujours et complètement laissée à l'abandon.

D'après le père de Thibault, au siècle dernier, il s'y serait passé de drôles de choses – une histoire d'enfants disparus. Je me suis alors souvenue que maman m'avait dit avoir entendu des bruits mystérieux venant de l'intérieur de la maison, pendant qu'elle désherbait le jardin.

– Dingue ! Et si elle était hantée, cette baraque ? a lancé Noé pour rigoler.

– Oh ouais, t'imagines ? Si ça se trouve, les âmes des enfants disparus sont prisonnières à l'intérieur, a ajouté Thibault en mimant un zombie.

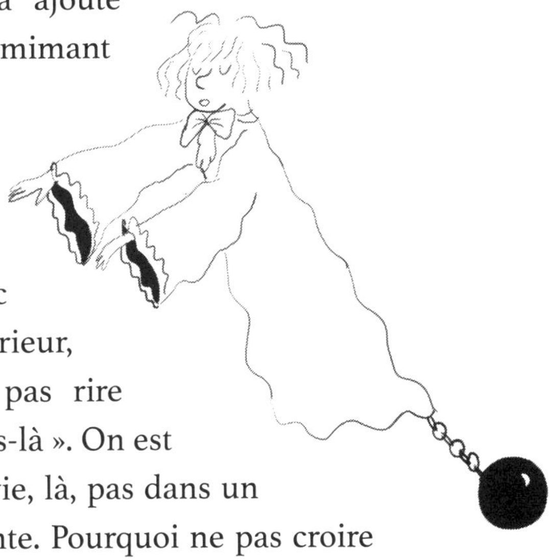

– Pff. N'importe quoi ! a fait Joséphine avec son air supérieur, genre « faut pas rire avec ces choses-là ». On est dans la vraie vie, là, pas dans un film d'épouvante. Pourquoi ne pas croire aux fées et aux elfes, pendant qu'on y est !

– Moi, je crois aux fantômes, a lancé Joachim très sérieusement.

On s'est tous arrêtés de parler.

– Enfin, j'aimerais bien y croire plutôt..., a-t-il précisé.

Et ses yeux se sont mouillés quand il a expliqué qu'à la mort de son grand-père, il espérait pouvoir continuer à communiquer avec lui. On est tous restés muets, et on s'est finalement dit que si rien ne prouve que les fantômes existent, rien ne prouve non plus qu'ils n'existent pas.

Personnellement, je ne crois pas aux fantômes. Je suis plutôt cartésienne et il m'est difficile de croire en quelque chose sans avoir la preuve de son existence. Cependant, pour faire comme Joachim, je promets de tout faire pour réussir à y croire un peu.

- Flamants roses pailletés sur l'éventail de Paul Vohl : 21

En prenant mon goûter, je me suis dit que même quand Joachim est triste, il est beau, canon, craquant, parfait. Ce qui n'est pas le cas de tout le monde. Moi, par exemple, quand je suis triste, j'ai les yeux cernés et je ressemble à un bulldog battu par son maître. Comme quoi, même face à la tristesse, on n'est pas tous égaux.

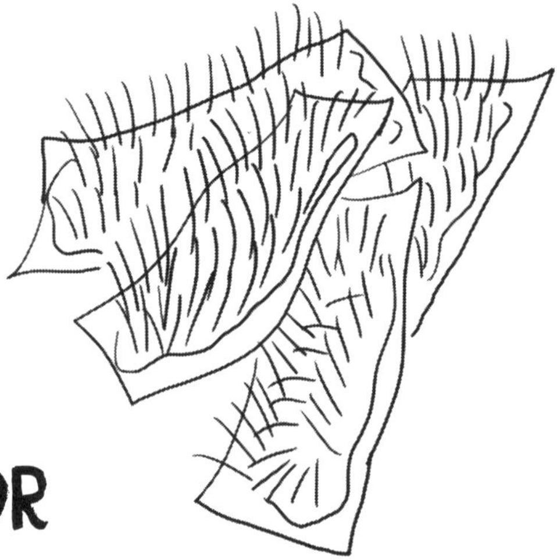

MDR

• Moral : 7/10

• Bandes dépilatoires usagées dans la poubelle de la salle de bains : 38 (soit ma sœur a beaucoup de poils, soit elle ne sait pas se servir d'une bande de cire !)

Je viens de recevoir 14 SMS de Pauline se plaignant de son beau-père. Un record !

Mon préféré est celui-ci :

Pauline

Je viens de placer des tranches de cheddar sous les semelles de ses godasses préférées. Dans quelques semaines, ma mère le quittera parce qu'il pue trop des pieds !

Y A QUELQU'UN ?

- Moral : 8/10
- Chips au poulet dévorées malgré mes tentatives récentes de rééquilibrage alimentaire : 32 (faut dire que dans une soirée pyjama, les chips sont encore plus importantes que les pyjamas.)

Hier, quand je suis arrivée chez Noé pour notre soirée pyjama, elle était surexcitée. Elle m'a attirée dans sa chambre et a fermé la porte.

– Prête pour une séance de spiritisme dans la maison du gars à l'éventail ?

– Hein ? De quoi tu parles ? me suis-je écriée.

– Thibault et Joachim nous rejoignent à 23 h devant chez moi. Et on y va tous les quatre. Trop cool, non ?

J'ai répondu oui pour la perspective de passer la soirée avec Joachim. Mais le spiritisme, honnêtement, ça m'a toujours fait flipper. (Ce qui est complètement nul puisque, à priori, je ne crois pas aux fantômes.)

– Tu sais comment on fait du spiritisme, toi ?

– T'inquiète, j'ai regardé sur internet, m'a répondu Noé. Et le frère de Thibault en a déjà fait, il lui a tout expliqué.

– Oui, mais ce n'est pas chez nous. Et si on se faisait surprendre ? Je sais pas moi, si la police déboule…

– T'inquiète, Lila. On sera discrets comme des tombes. Ah ah ! Et puis l'aventure, c'est la vie !

Ce que j'admire chez Noé, c'est exactement ça : son insouciance. Rien ne l'arrête, elle n'a peur de rien. Moi, je réfléchis 100 ans pour prendre la moindre décision. Je me fatigue toute seule.

En attendant 23 h, on a regardé trois épisodes de *Vampire Diaries*, notre série préférée. Moi qui d'habitude n'en rate jamais une miette, je n'étais pas du tout concentrée. Je ne pensais qu'à une chose : le jogging atroce que je portais et dans lequel je ne pensais pas que Joachim me verrait un jour !

Boutons d'acné sur le front + tignasse façon vieux mouton + ferraille de compèt' dans la bouche + jogging vert gazon = zéro chance de séduire.

• *Likes* sur photo de Bistouri en équilibre sur l'épaule de Noé postée sur Instagram : 54

Comme prévu, à 23 h, Thibault et Joachim nous ont rejointes devant chez Noé. Ils avaient fabriqué des torches artisanales avec du tissu imbibé d'huile, comme dans *Indiana Jones*. C'était trop marrant.

Avec Noé, on avait apporté une lampe frontale, des bougies chauffe-plat, un poste de radio à antenne (il paraît que l'antenne

peut capter les vibrations produites par les esprits), et un litre d'Ice Tea en cas de soif.

Pour entrer dans la maison délabrée, ça n'a pas été compliqué : il doit manquer une fenêtre sur deux.

Grâce aux torches des garçons, on a pu se diriger à l'intérieur sans se prendre les pieds dans les monceaux de choses qui jonchaient le sol.

– Regardez, il y a du lierre qui pousse à l'intérieur !

– Et toute cette vaisselle cassée... Ça fout les jetons.

– Quelqu'un a peur des araignées ? Parce que, à mon avis, il y en a des milliards, ai-je dit en m'obligeant à ne pas les imaginer nous tombant dans les cheveux ou grimpant le long de nos jambes.

Dans une pièce tout au fond, juste devant une cheminée en pierre, il y avait une table à laquelle il manquait un pied. On a décidé de s'installer là.

On a allumé les bougies, déployé l'antenne du poste de radio et on s'est placés autour de la table. Thibault a expliqué qu'il fallait qu'on se tienne les mains pour former un cercle énergétique indispensable pour communiquer avec les gens de l'au-delà.

– Ça peut faire danse folklorique, aussi ! a-t-il ajouté en rigolant.

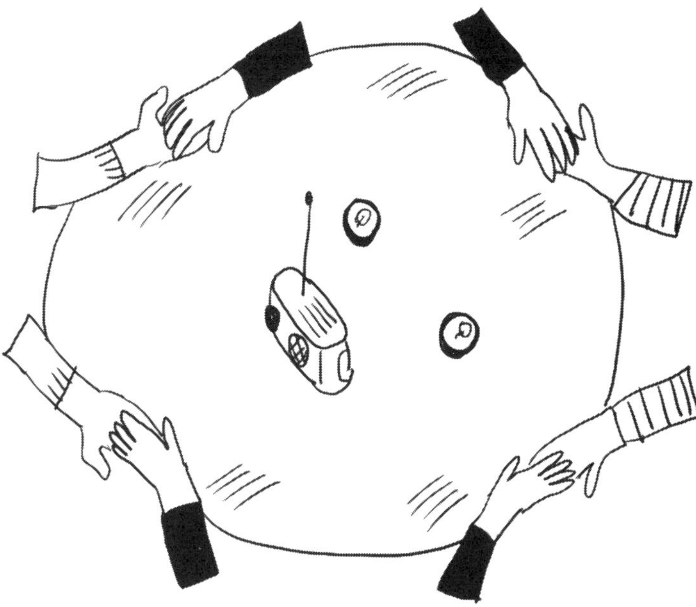

Joachim tenait ma main droite et, malgré le fait que je n'étais pas rassurée à l'idée de jouer aux chasseurs de fantômes dans cet endroit sordide, j'ai eu envie que ce moment ne s'arrête jamais. Comme dit Ella depuis qu'elle sort avec

Lucien : « Être main dans la main avec le mec qu'on aime, c'est beau comme un rêve. »

Même si je ne l'aurais pas formulé comme ça (Ella tombe dans le cul-cul la praline dès qu'il s'agit de Lucien), je suis assez d'accord.

Puis Noé, qui s'était autoproclamée maîtresse de cérémonie, a commencé à invoquer les esprits.

Sauf qu'elle a pris une voix tellement bizarre qu'on a tous éclaté de rire. Comme si prendre une voix de vieux gourou allait faire venir les fantômes plus vite.

Du coup, elle a repris avec une voix normale et un air super sérieux.

– Nous sommes quatre ici présents. Nous avons de bonnes intentions. Nous voulons juste entrer en contact avec vous. On nous a dit que certaines choses inexpliquées s'étaient produites dans cette maison et nous venons chercher des réponses. Qui que vous soyez, nous savons que vous nous entendez. Nous allons maintenant tenter d'entrer en contact avec vous. N'hésitez pas à vous manifester. Vous pouvez le faire par un bruit, un craquement, ou tout ce qui vous plaira. Via cette table, par exemple, ces bougies ou même l'un d'entre nous. Nous allons faire en sorte d'être le plus réceptifs possible.

On a tous fermé les yeux et Noé a ajouté :

– Si vous êtes là, manifestez-vous maintenant.

Évidemment, il ne s'est rien passé. À part Thibault qui a éternué ! On a tous pouffé de rire, sauf Noé qui prenait tout ça très à cœur.

– T'es chiant, Thibault ! Il faut tout recommencer, maintenant. Fais gaffe, s'il te plaît.

– Oh, excusez-moi d'être enrhumé, grande prêtresse ! a-t-il plaisanté. Promis, je ne le ferai plus !

On a rallumé la bougie que l'éternuement de Thibault avait soufflée et Noé a recommencé tout son speech depuis le début. Mais avant qu'elle ait fini, il y a eu de drôles de bruits en provenance de la cheminée. Comme des souffles tremblants.

Certes, je ne crois pas aux fantômes, mais ça m'a quand même fait drôlement flipper. Du coup, j'ai serré la main de Joachim super fort alors que Noé continuait dans son délire :

– Oui ! C'est ça ! Manifestez-vous, nous sommes à votre écoute...

Thibault, Joachim et moi la regardions, hébétés de la voir complètement à fond. Mais quand les bruits de la cheminée se sont répétés plus fort, accompagnés cette fois de fréquences stridentes, on a tous détalé comme des lapins devant un chasseur.

• Pas de course de la table amputée d'un pied jusque devant chez Noé : 142.

Noé et Thibault se sont disputés.

– Ça ne peut pas être des fantômes, les mecs, puisque les fantômes, ça n'existe pas ! a répété Thibault pour la énième fois.

– C'était leur souffle, tu as bien entendu, quand même ! C'est fou d'être obstiné comme ça ! s'est énervée Noé.

– Ça *ressemblait* à des souffles ! Ce n'étaient pas des souffles ! D'ailleurs, je ne vois pas pourquoi un mort communiquerait avec nous en soufflant vu que, quand tu es mort, tu ne respires plus. C'est débile, ton truc !

– Bah moi, j'y crois.

– Bah pas moi.

– Bah moi, si.

– Bah moi, non.

Joachim et moi nous tenions un peu à l'écart. Un petit vent apportait son parfum jusqu'à mes narines et franchement, à ce moment précis, je me fichais royalement des fantômes. Parce que, avant la mort, il y a la vie, et que dans ma vie à moi, il y avait Joachim qui, peut-être, ne sortait plus avec Kalie.

RAPLAPLA

• Moral : 8/10
• Chips restantes que je me suis retenue de croquer au réveil : 7

J'ai rêvé de Joachim toute la nuit. C'était super. On faisait un genre de tour du monde en montgolfière.

Mais mon rêve a été sans cesse interrompu par Noé qui gesticulait dans tous les sens ou par Bistouri qui avait collé sa queue pile dans mon oreille droite.

Les soirées pyjama, c'est bien, mais on en ressort plus crevé qu'une vieille chambre à air.

LE MALHEUR DES UNS...

- Moral : 9/10
- Boutons d'acné sur le front : 5 (dont 5 sur la tempe droite et 0 sur la gauche)
- Postillons crachés par Mme Bristol par heure de cours : des centaines de milliers !

Thibault a fait une grave indigestion suite à une huître qu'il a mangée pour faire plaisir à sa mère le jour de son anniversaire alors qu'il déteste ça. Pas de chance.

Résultat, il sera absent du collège jusqu'à vendredi et Joachim se retrouve seul pour leur mission RAPELE : lessiver le sol de la cantine.

Comme les tâches doivent impérativement s'effectuer à deux et que j'ai été super efficace lors de la mission tags, Mme Bristol m'a désignée d'office pour remplacer Thibault. (Si je comprends bien, plus t'es efficace, plus t'es exploitée !!! Drôle de philosophie.)

Demain je me retrouverai donc au réfectoire en tête-à-tête avec Joachim.

Enfin, quand je dis en tête-à-tête... Il y aura aussi un balai, une serpillère et un gros sac-poubelle. Mais disons que c'est mieux que rien.

IDÉE FIXE

- Moral : 9/10
- Feuilles dans la batavia du jardin que maman a exigé que je lave pour le dîner : 27 (*Belle bête !* comme dit papa.)

Depuis notre visite nocturne chez Paul Vohl, Noé veut absolument qu'on retourne y faire une deuxième séance de spiritisme. Et quand Noé a une idée en tête, ma messagerie est au courant !

Noé

Ça coûte quoi, franchement, qu'on y retourne ? Comme ça, on sera fixées.

S'il y a bien des esprits, comme je le pense, allons taper la discut' avec eux !

Hein ? T'en dis quoi, Lila ?

En plus, j'ai trouvé une nouvelle technique sur le net pour communiquer avec eux, via des lettres de Scrabble.

Pourquoi tu ne réponds pas ?
Ouh- ouh, Lila, je suis là !

Tu flippes ou quoi ?

🙄 🙄 🙄 🙄 🙄 🙄

LA VIE NE TIENT QU'À UN ÉLASTIQUE

- Moral : 2/10
- Mèches de cheveux naturellement lisses dans ma touffe : 0
- Mèches de cheveux naturellement lisses sur la tête de Kalie : toutes
- Ce que je suis prête à donner pour échanger mes cheveux contre ceux de Kalie : tout ce que je possède !

NONNNNNN !!!! Le dentiste a ajouté des élastiques à mon appareil, le traître ! Alors que j'y allais juste pour qu'il recolle mes bagues.

Comme par hasard il me rajoute un peu plus de matos dans la bouche pile le jour où je vais avoir un moment seule avec Joaquim. Comme si les bagues ne m'enlaidissaient pas suffisamment !

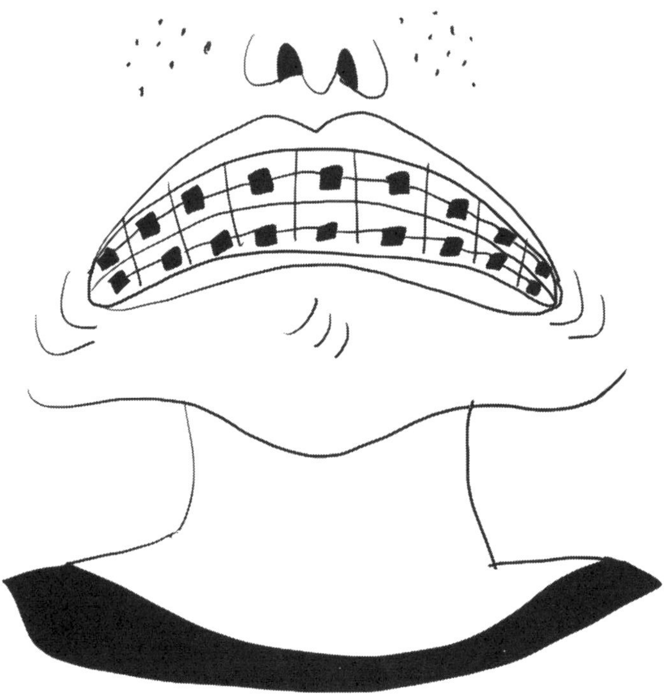

La vie est HORRIBLE !

QUESTION DE POINT DE VUE

- Moral : 9/10
- État général : *in love*
- Minutes passées à me lisser les cheveux ce matin : 19

Aujourd'hui, il s'est passé quelque chose d'insolite : Joachim a pleuré dans mes bras. Oui, je répète : Joachim a pleuré dans mes bras.

Alors qu'on allait s'attaquer au nettoyage du réfectoire, il a reçu un appel lui annonçant le décès de son grand-père. Même s'il s'y attendait, il ne pouvait plus s'arrêter de pleurer. Et sans que je ne lui demande rien, il s'est jeté dans mes bras. J'ai bien conscience qu'il se serait jeté dans les bras de n'importe qui à ce moment-là (sauf, peut-être, dans ceux de Mme Bristol).

J'ai un peu honte de le dire mais j'ai adoré ce moment. Je n'avais pas envisagé que notre premier câlin puisse avoir lieu dans des conditions aussi dramatiques (en plus, on était tous les deux en blouse et gants Mappa), mais tant pis. C'était un peu comme dans un rêve. Je pouvais respirer son parfum à plein nez sans avoir à me cacher. Joachim venait de perdre son grand-père et moi, j'avais le cœur qui dansait la java comme jamais.

Question :

Pourquoi est-on capable d'être égoïste dans un moment horrible alors que, d'habitude, on est plutôt quelqu'un d'empathique ?

Quand Joachim a arrêté de pleurer, on s'est assis sur une table du réfectoire et on a discuté de la vie, de la mort, bref, de sujets méga sérieux. C'était super. D'une part, parce qu'on a rarement l'occasion de discuter de ce genre de choses ; d'autre part, parce que c'était la première fois que je discutais vraiment avec Joachim. Malheureusement, le CPE qui passait par là nous a hurlé dessus parce qu'on ne nettoyait pas le sol. Joachim s'est levé d'un bond de la table et lui a jeté ses gants Mappa à la figure en le traitant de barbare sans pitié. Résultat : il s'est fait renvoyer deux jours.

- Rayures sur la cravate du CPE : 32 (la cravate, déjà, ça ne se fait plus trop, mais alors rayée bleu marine et rouge !!!)

VIVE L'HOSPITALITÉ !

- Moral : 4/10
- Boutons d'acné : 18 (je ne comprends pas !)
- Heures passées sur le net à regarder des tutos proposant des solutions contre l'acné : 3

Maintenant que son jardin est débroussaillé, Paul Vohl va enfin intégrer sa maison. Mais sans toucher au bazar qui se trouve à l'intérieur. (Cet homme est dingue, ça se confirme chaque jour un peu plus !)

– C'est parfait pour mon exposition *En tas* et très stimulant pour mon imagination !

Entre nous, si c'était pour vivre dans un tel boxon, il aurait mieux fait de s'installer directement dans une décharge publique. Ça lui aurait coûté moins cher et le résultat aurait été le même.

Bref, comme il ne veut toucher à rien jusqu'à ne plus avoir aucune inspiration liée aux « énergies bouleversées de cet endroit », maman et papa lui ont proposé de venir dîner à la maison tous les soirs jusqu'à nouvel ordre. Génial ! Parce que Paul Vohl qui raconte sa vie pendant un repas, c'est pire qu'un somnifère. Ça vous donne envie d'aller direct rejoindre votre couette sans passer par la case dessert. (Pourtant, chez moi, le dessert est sacré. En général, je ne résiste pas plus de trois secondes à une crème caramel ou à un chocolat liégeois.)

Pour le premier soir, Maman a cuisiné sa recette dégueu de haricots blancs à la béchamel (apparence vomi de troll, goût haricots blancs à la béchamel). Si Paul Vohl possède ne serait-ce qu'un minuscule instinct de survie, il ne devrait pas revenir dîner de sitôt, et tant mieux !

- Motifs artichaut sur les nouveaux sets de table : 80

La seule bonne nouvelle, dans tout ça, c'est que Noé va arrêter de me bassiner pour qu'on retourne convoquer les esprits chez Paul Vohl. Dorénavant, la maison est habitée.

MORFALE

- Moral : 5/10
- Empreintes digitales à base de gras en plein milieu du verre de lunettes de Paul Vohl : 1

Paul Vohl n'avait pas mangé depuis douze ans ou quoi ?!! Il s'est enfilé trois assiettes de haricots blancs à la béchamel et a même léché le plat ! Je crains qu'il ne revienne demain et les jours suivants.

– Merci pour ces haricots, chère Carla, a-t-il dit en se levant de table. Je les ai toujours beaucoup appréciés car ils font sur mes intestins le même effet que *Guernica* de Picasso sur mon cerveau. Très stimulant !

Pouvez-vous m'expliquer pourquoi dès que ce type ouvre la bouche ou bouge le petit doigt, c'est une catastrophe ?

LA RÉPLIQUE

- Moral : 7/10
- Fiches de lecture à faire en français pour lundi : 1 (mais je n'ai pas commencé à lire le livre !)

Je n'avais jamais rencontré de réalisateur de films jusqu'à aujourd'hui et je les imaginais tous vieux et bedonnants, comme Alfred Hitchcock sur la photo où on le voit fumer un cigare.

Mais Alban (le réalisateur du téléfilm dans lequel je vais jouer) est un freluquet à peine plus vieux que Charlène et coiffé comme Jésus. *Le Poing du passé* est son premier film avec une actrice connue (Madeline Grault), et ça le stresse un max.

Aujourd'hui, au gymnase, il est venu caler des choses avec Vivian qui sera le coach de toutes les scènes de boxe du film.

Comme on n'avait pas terminé l'entraînement, Vivian a voulu que je boxe devant Alban. Apparemment, il avait très envie de se faire mousser en montrant mes progrès.

– Je l'ai fait bosser comme une acharnée, la petite, et regarde le résultat : convaincant, non ?

Heureusement Teddy était là, et il a tout fait pour mettre mes coups en valeur. C'était super impressionnant de boxer devant Alban, sachant qu'il a le pouvoir de me remplacer dans le film s'il n'est pas convaincu.

Après nous avoir félicités pour la préparation, Alban m'a annoncé qu'il y avait un petit changement au programme. Jusque-là, je devais uniquement boxer dans une scène montrant Madeline Grault jeune. Mais depuis la nouvelle version du scénario, j'ai une réplique à dire. Une phrase à jouer, à rendre vraisemblable, bref un véritable travail de comédienne que je ne suis pas. Au secours !

Ça a été aussitôt la panique intérieure, car à part pour rendre Charlène un peu plus jalouse, je me serais bien passé de ce challenge.

En plus, laisse tomber la réplique :

– Regarde-moi bien dans les yeux, petit morveux ! Tu vas regretter de t'être fait passer pour quelqu'un d'autre pendant tout ce temps !

Il va me falloir dix ans de cours de théâtre pour réussir à dire un truc pareil en étant crédible !

Ella est surexcitée et prête à me faire répéter jour et nuit (vu qu'elle a décidé d'être ma manageuse et de faire de moi une actrice internationale). D'ailleurs, pendant ma rencontre avec Alban, elle a pris des tonnes de photos. Tellement qu'au bout d'un moment, le réalisateur lui a dit :

– Bon, mademoiselle, vous n'êtes pas devant un monument historique ! Alors rangez un peu votre appareil photo, s'il vous plaît !

Pour m'entraîner, Alban m'a suggéré de prononcer ma réplique à Teddy avant chaque attaque. Autant dire que c'est super gênant de dire à Teddy : « Tu vas regretter de t'être fait passer pour quelqu'un d'autre pendant tout ce temps ! » Ça résonne à fond avec ses lettres anonymes.

Ça doit le troubler aussi parce que, une ou deux fois, il a baissé sa garde de façon inconsidérée et il a même pris un coup au thorax, ce qui ne lui arrive absolument jamais.

Au dîner, quand j'ai annoncé que j'allais avoir une réplique dans le film, Charlène était super dégoûtée. Elle a écarquillé les yeux comme un mérou tenu hors de l'eau trop longtemps et elle m'a lancé de son air méprisant :

– Une réplique ? Tu veux dire une phrase entière ? Avec plusieurs mots ? Ils sont dingues ou quoi ?

Quand j'ai ajouté que le réalisateur comptait me filmer en gros plan à ce moment-là, j'ai bien cru qu'elle allait faire une crise cardiaque ou s'étouffer avec son camembert.

– En gros plan !?! Toi ?!

La jalousie de ma sœur envers moi est l'une des choses que j'aime le plus au monde. Rien que pour ça, ma vie vaut d'être vécue.

Mes parents, eux, étaient super contents. Papa m'a frotté la tête comme il le fait quand il est fier de moi et maman a applaudi en me proposant du rabe de batavia.

• Gorgées nécessaires pour vider mon verre d'eau : 8

Dans ma chambre, papa est venu se poser sur mon lit comme quand j'étais petite et qu'il me lisait une histoire. J'ai trouvé bizarre qu'il s'asseye comme ça. Il ne l'avait plus fait depuis la dernière histoire qu'il m'a lue, il y a au moins deux siècles.

Il a sorti deux ou trois banalités comme « il manque une tuile au toit du cabanon, je me demande où elle a bien pu passer », histoire de tourner autour du pot. Mais je sentais qu'il voulait me dire quelque chose d'important. Après quelques minutes, il a enfin posé la question qu'il était venu poser :

– Au fait, ma Lili, ton réalisateur, là, il t'a dit si tu allais rencontrer Madeline Grault pendant le tournage ?

– Non, j'en sais rien, papa.

– Ah, d'accord. Ce serait chouette, pourtant.

Et avant de sortir de ma chambre, il s'est retourné vers moi pour ajouter :

– Pas la peine de dire à maman que je t'ai demandé ça, hein, ma Lili. Allez, dors bien.

Papa et la célèbre Madeline Grault étaient ensemble à l'école primaire et d'après ce que j'ai cru comprendre, ils étaient amoureux. Ils ne se sont jamais revus depuis, mais je crois bien que papa est légèrement bouleversé à l'idée de la recroiser.

DÉCHETS FLOTTANTS

• Moral : 6/10
• Idées de surnoms pertinents pour Mano : 15 dont *Supermaxirelou*, *Cradocman* ou *légume des jours*.

Nouvelle lubie de ma mère : elle photographie les détritus qu'elle croise en mer lors de ses plongées sous-marines.

Après le dîner, elle nous a fait une projection de ses « trouvailles » : un gobelet en plastique, quelques mégots et même une couche de bébé en phase de décomposition.

Quand maman nous a montré les photos, Mano était révolté. Et pour une fois, j'étais d'accord avec lui. C'est vrai qu'on est vraiment stupides, nous, les humains. Faire pipi dans la mer pendant qu'on nage parce qu'on est très pressé, à la limite, mais balancer ses déchets n'importe où, c'est quand même mystérieux comme comportement.

Il paraît qu'il y a carrément un sixième continent constitué de plastique au milieu de l'océan Pacifique. Un continent d'ordures. Ça fait peur.

DÉCEPTION INTERSIDÉRALE

- Moral : 0/10
- Visages accueillants dans mon miroir : 0
- Envies d'être moi : 0

En fait, Joachim avait retiré la bague de Kalie pour sa première mission RAPELE qui était de rempoter les thuyas nains du perron. Il craignait que le contact avec la terre ne l'abîme, puis il avait tout simplement oublié de la remettre.

– Je suis désolée, a dit Noé, qui semblait vraiment mal de m'annoncer ça.

Joachim célibataire, j'aurais dû me douter que c'était trop beau.

• Pépito au chocolat noir avalés en moins d'une minute : 11 (ç'aurait pu être plus, mais le paquet était déjà entamé)

Je crois que je vais inonder mon oreiller de larmes.

DU GRAND ELLA !

- Moral : 5/10
- Trous au bout de mes chaussettes de boxe : 2
- Tartelettes au citron que je me serais bien envoyées à l'issue de mon entraînement du jour : 4 (et c'est un minimum)

Depuis que le réalisateur est passé nous voir au gymnase, je suis super mal. Impossible de dire ma réplique face à Teddy pendant nos *sparrings*, ça ne sort pas. Déjà que je ne suis pas comédienne, mais en plus ce texte renvoie tellement à cette histoire de lettres anonymes... Vivian m'a carrément traitée de nulle (génial, comme méthode de motivation !!!) et Ella, qui veut absolument que j'assure ce tournage comme une pro, n'a pas arrêté de s'énerver au pied du ring.

– Qu'est-ce que tu fous, Lila ? Y a un problème ? Comment on va faire de toi une star si tu bugues déjà à ce stade ?!!

Parfois, ça me fait sourire qu'elle se prenne pour ma manageuse avec autant d'enthousiasme, mais elle en fait vraiment trop. Il faudrait peut-être qu'on lui rappelle que je ne suis ni Jennifer Lawrence ni Marion Cotillard !

Pendant la pause, aux toilettes, je lui ai expliqué pourquoi c'était compliqué pour moi de dire cette réplique en regardant Teddy dans les yeux. Alors avant la reprise, elle a demandé à Teddy de nous rejoindre et elle lui a tout balancé.

– Bon, Lila sait depuis longtemps que c'est toi qui lui envoies des lettres anonymes. Elle ne voulait pas te le dire, mais là, ça met en péril sa performance sur le tournage. Donc voilà, maintenant que c'est dit, ça devrait aller mieux. Hein, Lila ?

Je suis restée en apnée au moins 40 secondes tellement je me sentais mal ; Teddy, lui, est carrément parti en courant du gymnase. Génial. Merci, Ella !

- Picotements de malaise en haut de mes joues : 300

Sans m'en parler avant, Ella a pris l'initiative de dévoiler mon secret à Teddy. Je trouve ça un peu gonflé de sa part et je me demande si c'est un comportement digne d'une véritable amie.

Si j'étais rancunière, j'irais voir Lucien pour lui dire comment Ella fait la belle dès que Yanis, le frère de Vivian, passe au gymnase. Mais Birgit a raison :

– Faut pas être plus fipère que les fipères.

Bref, le comportement d'Ella m'a gravement contrariée, mais quelque part au fond de moi, j'avoue que je suis soulagée. Fini le mensonge. Fini les cachoteries. Teddy est au courant.

PAUVRE PAPA

• Moral : 6/10
• Taches de moisi sur les joints au-dessus de l'évier de la cuisine : 12
• Nouvelles photos de détritus exposées dans la cuisine : 2 (à choisir, je préfère les taches de moisi !)

Papa a marché sur le didgeridoo de Mano et s'est retordu la cheville. Le docteur est venu et lui a remis une attelle pour trois semaines. Le pauvre !

Comme dans toute chose négative se trouve quelque chose de positif, papa a alors remarqué à quel point Mano squattait chez nous.

– Mais au fait, il n'a pas de famille, celui-là ? Tu n'en as pas marre, toi, ma Lili ?

Je n'ai pas eu le temps de répondre que si, je n'en pouvais plus de ce babos intégriste, que maman a pris sa défense (comme d'habitude !).

– Ce garçon se sent visiblement mieux chez nous, Virgilc. Et on ne peut priver personne d'un environnement aimant, tu ne crois pas ?

Et bah si.

LES QUATRE DOIGTS DE LA MAIN

- Moral : 7/10
- Câlins faits à mon papa trop malheureux d'être bloqué à la maison par son entorse : 3
- Câlins faits à maman trop énervée de voir mon père bloqué à la maison par son entorse : 0

Mano n'a pas apprécié les remarques de papa. Du coup, il squatte moins souvent chez nous et tant mieux. Le problème, c'est que Charlène fait la tête à papa et que, avec les disputes régulières de mes parents, ça en rajoute à l'ambiance déjà moisie de notre famille.

Charlène devrait pourtant se réjouir de l'absence de Mano : elle peut à nouveau se gaver de bonbons super chimiques qu'elle adore mais que Mano boycotte.

CHOUETTES ALORS

• Moral : 8/10

• Nombre de fois où Charlène hausse les yeux au ciel par repas en famille : 10 en moyenne (elle n'était déjà pas souvent aimable avant, mais depuis que Mano est moins là, c'est pire !)

MDR ! Les bruits bizarres dans la maison de Paul Vohl provenaient d'un nid de chouettes installées dans la cheminée. C'est le ramoneur qui l'a découvert.

Noé est trop déçue. Elle qui racontait partout qu'on avait vécu un truc dingue, une expérience paranormale exceptionnelle et qu'on avait réussi un trouver un pont vers l'au-delà… Bref, elle était partie très loin dans le délire et je comprends sa déception. Parce que, effectivement, c'est quand même vachement plus classe de dire « on a communiqué avec des morts » que de dire « on a communiqué avec des chouettes ».

IL OSE TOUT !

- Moral : 6/10
- Tomates cerises qui ont roulé sous le canapé : 3 (j'ai rien dit. Pas envie de ramper pour les récupérer.)

Paul Vohl (qui est revenu dîner à la maison…) vient de proposer à maman d'exposer ses photos de détritus en annexe de son exposition *En tas* à Londres.

– Finalement le message est le même : dénoncer l'ultra-consommation et les excès qu'elle engendre. Chère Carla, nous sommes exactement dans le même *mood*, toi et moi. J'adore l'idée !

Maman est enchantée. Papa aussi. Charlène a carrément quitté la table sans broncher et moi j'ai repris une part de clafoutis.

Une expo de photos de détritus ?... on aura tout vu !!!

MEA CULPA

• Moral : 8/10
• Boutons d'acné sur le front après quelques jours d'un soin à base de peau d'oignon vu sur Internet : 11 (je vais dénoncer l'auteur de ce tuto aux autorités pour qu'il soit arrêté et emprisonné à vie !)

Aujourd'hui, Teddy n'était pas à l'entraînement. J'ai eu peur qu'il ne soit pas venu à cause de moi, mais en fait il est parti une semaine en Allemagne pour participer à un championnat de boxe. Du coup, la séance était vraiment cool car, pour une fois, j'ai eu droit au même traitement que les autres.

En plus, Ella s'est excusée.

– Je ne sais pas ce qui m'a pris l'autre jour, Lila. Parler à Teddy en ton nom, c'était vraiment nul. Je suis désolée. Archi désolée.

Elle avait l'air vraiment sincère et elle m'avait même apporté un croissant aux amandes en guise de dédommagement. Sympa de sa part... Sauf pour mes fesses qui adorent stocker ce genre de choses !

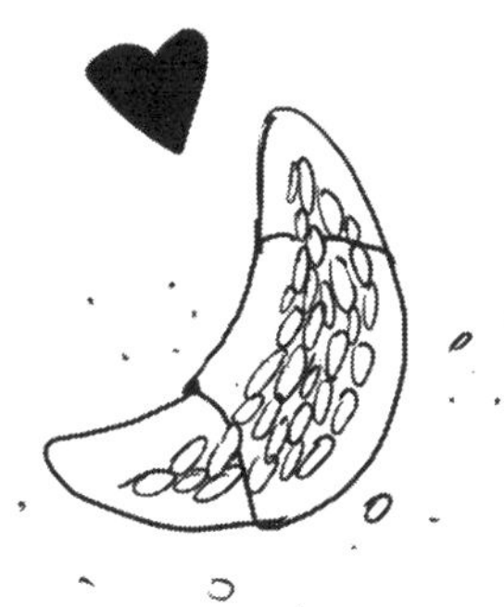

IMPROBABLE DESCENDANCE

• Moral : 5/10
• Boutons d'acné : toujours 20
• Fraises des bois déshydratées dans mon bol de muesli : 2 (c'est vraiment l'arnaque, ces trucs-là. Sur la photo de l'emballage, y en a plein !)

– Les filles, ce soir Paul vient dîner avec son fils, a annoncé maman au petit déjeuner. Je vous demande d'être très sympa avec lui. Il a 16 ans et revient de trois ans au Vietnam où il vivait avec sa maman. Ce doit être un garçon très intéressant.

Charlène a levé les yeux au ciel en soufflant bien fort pour que maman l'entende, puis elle a jeté sa cuillère dans son bol de lait qui s'est renversé. Résultat, mon cahier de math est trempé ! (Mauvais timing, j'avais décidé de relire mon cours pile à ce moment-là !!!)

Une fois de plus, j'ai maudit ma sœur qui ne s'est même pas excusée. Je l'ai traitée de tous les noms dans ma tête, dont *pustule suintante* ou *cervelle de moineau sans fond*.

Je me demande bien à quoi peut ressembler le fils d'un mec perché comme Paul Vohl ? Surtout que la seule info qu'on ait pour l'instant, c'est qu'il s'appelle Zorg !

En tout cas, le dîner s'annonce rock'n'roll. Un Vohl à table, c'est déjà pénible, alors deux Vohl, ça promet !

• Petits pois extraits de leur cosse par maman le temps de mon petit déjeuner : 68

Question :

Comment une femme a-t-elle pu un jour accepter :

1. de coucher avec Paul Vohl ?
2. de lui faire un enfant ?

Nous voilà face à un grand mystère de l'humanité !

EN PERSPECTIVE

• Moral : 7/10
• Note estimée à ma fiche de lecture faite dans la précipitation et rendue ce matin : 6 (si j'ai raison, mes parents vont me tuer !)

Teddy

Coucou, Lila. Quand je serai revenu d'Allemagne, j'aimerais bien qu'on se voie pour discuter. Si tu veux, évidemment.

Est-ce que je veux bien ? Bonne question. Je vais y réfléchir. En mangeant un wrap poulet-bacon et deux ou trois Chamallow.

ZORG

• Moral : 8/10
• Boutons d'acné sur le front : je ne compte plus (je crois bien qu'il n'y en a jamais eu autant)
• Heures passées avec un bonnet sur la tête pour cacher l'invasion de boutons : 24h/24

Le fils de Paul Vohl a 16 ans, il est troooop sympa et supeeeer mignon ! Eurasien, il a des yeux en amande noirs comme l'ébène et une peau dorée. En plus, il est champion de ping-pong et moi, j'adore le ping-pong (en vérité, je n'y ai joué qu'une seule fois, en primaire, mais je crois que j'avais bien aimé).

Du coup, contre toute attente, le dîner a été plutôt sympa, malgré Charlène qui a été insupportable. Elle a ri bêtement pendant tout le dîner en agitant ses cheveux dans tous les sens, tout ça pour monopoliser l'attention de notre invité. Comme chaque fois que ma sœur se met en mode séduction, elle a été PA-THÉ-TIQUE. Mano aurait été vert de jalousie s'il avait assisté au quart du tiers de son cinéma.

Charlène était tellement prête à tout pour plaire à Zorg qu'elle lui a même parlé de son père (que, rappelons-le, elle déteste) comme d'un génie. Le comble !

– Moi, je suis totalement fascinée par le travail de ton père, a-t-elle dit en se remettant pour la quatrième fois du gloss. Quel univers ! Quelle folie ! Ça doit être vraiment trop *funny cool baby* d'avoir un père si créatif, nan ?

C'était débile !

Heureusement, au moment du dessert, papa a demandé à Charlène de venir l'aider à préparer les banana-split (ma coupe de glace préférée ! Miam !) et j'ai eu 6 minutes de tête-à-tête avec

Zorg. On a parlé de boxe et il m'a montré une vidéo de Vo Tu Do (boxe vietnamienne) sur son téléphone. Six minutes pour faire connaissance, c'est un peu léger, mais c'est déjà ça.

Quand on est sortis de la maison pour raccompagner Paul Vohl et Zorg au portail, j'ai reçu un SMS de Noé qui, visiblement, était à sa fenêtre pile à ce moment-là :

Noé

QUI EST CETTE BOMBE ATOMIQUE
DANS TON JARDIN ?!!!! 😍

Hi hi hi ! La beauté de Zorg est telle qu'elle se voit même de nuit et depuis chez les voisins !

• Nombre de clous sur le dos du blouson en cuir de Zorg : 16

Zorg part demain pour Londres, mais on va se revoir bientôt. À Londres, justement, pour le vernissage de l'exposition *En tas*. Jusqu'à aujourd'hui, je n'avais pas vraiment envie d'y accompagner mes parents. La perspective de me taper la honte avec les photos de détritus de ma mère prenait le dessus sur mon envie de visiter Londres. Mais les données viennent de changer et désormais JE NE MANQUERAIS CE VERNISSAGE POUR RIEN AU MONDE !

Espérons que, d'ici là, la science aura mis au point une crème anti-acné véritablement efficace et que mon dentiste aura eu pitié de moi en virant les élastiques trop nuls qui transforment ma bouche en grotte à caoutchouc !

LA LETTRE DE TROP

- Moral : instable ; oscille entre 2 et 8
- État général : complètement perdue !

Aujourd'hui, une lettre anonyme a été déposée entre midi et 17 h dans notre boîte aux lettres. Une lettre à mon attention, comme les trois courriers précédents du colibri.

TOUJOURS BELLE
TU ES
TOUJOURS REBELLE
JE SUIS

UN JOUR… PEUT-ÊTRE… POUR TOUJOURS !

Depuis une demi-heure, je suis bloquée devant. Paralysée comme un robot à qui on aurait retiré les piles. Mes mains sont blêmes, mon ventre fait des bruits de tuyauterie et mes papilles me réclament de toute urgence une sérieuse dose de sucre. Car il y a un gros, un très gros, un très, très gros, un ÉNORME problème :

Pourquoi Teddy, qui sait qu'il a été identifié comme étant le colibri, continuerait-il à m'écrire de façon anonyme ?

Il est actuellement au championnat de boxe en Allemagne et ne peut en aucun cas avoir déposé cette lettre chez moi !

ALORS C'EST QUOI CE DÉLIRE ?!!!!!!

NOOOOOONNNNN !

• Moral : 0/10
• Note obtenue à ma fiche de lecture faite dans la précipitation : 6 (mes parents vont me tuer !)

Depuis quelques jours, le principal, M. Barbier, me fait de grands sourires dès qu'il me croise dans les couloirs du collège. La première fois que c'est arrivé, j'ai cru que j'avais un truc collé sur le visage, genre feuille de salade ou chiure de pigeon, mais en fait non.

Ce matin, j'ai enfin eu l'explication à sa sympathie suspecte.

Pendant la récréation, le principal, debout sur un banc avec son mégaphone, a demandé à tout le monde de s'approcher et d'écouter.

– Dans le cadre de l'opération RAPELE – que vous connaissez tous, maintenant – nous allons mettre un grand chantier en œuvre. La zone non exploitée que vous avez dû remarquer sur le côté de votre collège va devenir un vaste potager prospère. Et cela, grâce à vous et à notre opération RAPELE.

Il y a eu un brouhaha dans la foule d'élèves, mélange de phrases de contestation, d'insultes et de soupirs, mais Barbier a envoyé un coup de sifflet strident via son mégaphone pour faire taire tout le monde. À mon avis, on a tous perdus trois dixièmes à chaque oreille !

Alors que je me lamentais intérieurement sur mon sort en pensant : « Je suis cernée par les potagers, moi, ou quoi ?! », le principal a continué son annonce :

– Je tiens à ce que ce projet soit mené de façon sérieuse ! C'est pourquoi il sera encadré par une spécialiste en la matière qui viendra, dès mercredi après-midi, donner une conférence sur le sujet. Il s'agit d'une maman d'élève qui s'est gentiment proposée : Mme Carla Tabouret.

Je n'avais pas encore percuté que Barbier venait de prononcer le nom de ma mère que la moitié de la cour était déjà tournée vers moi. Des centaines d'yeux accusateurs, comme une armée d'arbalètes prête à me trucider à coups de flèches empoisonnées ! Comme si j'étais responsable de ce gros délire bien naze. Alors qu'à mon avis, j'étais de loin la plus stupéfaite de tous.

Comme chaque fois que j'ai un choc psychologique, je me suis mise à rêver de wraps au poulet dégoulinants de sauce et j'ai eu la respiration coupée. Comme si mes poumons étaient devenus aussi rikikis que ceux d'un bébé mulot.

– Je vous jure que je n'étais pas au courant, ai-je soufflé avec le peu d'air qui me restait avant de quitter le collège comme une voleuse, plutôt que de me rendre en cours de physique avec les autres.

• Portions de frites boulottées mentalement pendant le trajet du collège jusqu'à chez moi : 19

En arrivant à la maison, je me suis postée devant ma mère pour lui demander des explications.

– Écoute, ma Lili, calme-toi. J'ai croisé Michel au marché, je l'ai félicité pour l'opération RAPELE et, de fil en aiguille, on en est venus à parler jardinage. C'est tout. Les choses se sont faites naturellement.

Michel ?! Depuis quand ma mère appelle le principal de mon collège par son prénom ????! Je jure que si, un jour *Michel* est invité à dîner chez nous, je prends Jean-Charles sous le bras et je fugue à l'autre bout du monde.

– Et plutôt que de faire cette tête, ma Lili, tu devrais être fière que ta maman vienne partager son savoir dans ton collège. En plus, Michel et moi tenions à ce que ça ne vous fasse louper aucun cours, donc le mercredi après-midi, ce sera parfait.

QUELQU'UN POURRAIT-IL EXPLIQUER À MA MÈRE QUE LE MERCREDI APRÈS-MIDI, C'EST SACRÉ ?! C'est le seul après-midi de la semaine sans cours, alors sa conférence potagère, on aura tous autant envie d'y assister que de s'enfoncer des aiguilles sous les ongles.

Dépitée, je suis montée dans ma chambre. Blottie sous ma couette, j'ai mangé un paquet de spéculoos, un sachet de noix de cajou et toute la fin d'un pot de confiture à la petite cuillère. Comportement compulsif qui donne une idée assez précise de mon degré de contrariété ! (Je ne sais pas de combien de temps va avoir besoin mon corps pour digérer tout ce sucre et ce gras, mais l'idéal serait sans doute que je ne mange plus jusqu'à la fin de la semaine.)

À la fin des cours, j'ai reçu une pluie de SMS.

Thibault

Si tu pouvais perdre ta mère dans les bois d'ici à mercredi prochain, ce serait sympa ! 😀

Joséphine

Tu rappelleras à ta mère que je suis dispensée de corvées débiles, moi, hein !

Joachim

Ça craint...

Noé

Désolée de te le dire, Lila, mais là, ta mère abuse grave !

Et un tas d'autres messages provenant de numéros inconnus et pleins d'emoji genre tête de mort ou vomi. Génial !

En quelques heures, je suis devenue la fille la plus célèbre du collège. Une notoriété fulgurante dont je me serais bien passée. Parce que devenir la fille qu'on a le plus envie de dégommer au monde, c'est vraiment le pire truc que j'ai eu à vivre depuis longtemps.

- Traits jaunes sur mon oreiller à lignes multicolores : 20

Un jour, sur l'arrière d'un bus, quelqu'un avait tagué à la bombe une phrase qui vient de me revenir : « Quand le monde part en sucette, la politique de l'autruche est une option qui se défend. »

À l'époque j'avais trouvé ça nul, mais aujourd'hui ça me parle tellement que j'envisage sérieusement de passer le reste de ma vie sous ma couette !

Heureusement, quand la vie est chienne, des petits délices tombent parfois du ciel. Comme ce texto reçu à l'instant :

Zorg

Autant ta sœur est soûlante, autant toi t'es top. Très content d'avoir fait ta connaissance. Si tu veux, je t'envoie des photos de Londres, en attendant qu'on s'y retrouve pour l'expo. Kiss

J'ADORE !

Achevé d'imprimer en mars 2019
par Normandie Roto Impression s.a.s.
Dépôt légal : avril 2019. N° 141500-1 (1900922)

Imprimé en France